ELOGE HISTORIQUE
DE Mr. RAMEAU,

Compositeur de la Musique du Cabinet du Roi, Associé de l'Académie des Sciences, Arts & Belles-Lettres de Dijon.

Lu à la Séance publique de l'Académie, le 25 Août 1765, par M. MARET, D. M. Secrétaire Perpétuel.

> *Præcipe lugubres*
> *Cantus Melpomene, cui liquidam, Pater,*
> *Vocem cum cithara dedit.*
> Horat. Od. xxiiij.

A DIJON,

Chez CAUSSE, Imprimeur du Parlement, de l'Intendance & de l'Académie, place St. Etienne.

Et se vend à PARIS,

Chez DELALAIN, Libraire, rue St. Jacques.

M. DCC. LXVI.

AVEC PERMISSION.

AVERTISSEMENT.

ON a déja donné au Public trois Eloges de M. Rameau; un dans le Ier. volume du Mercure de France, d'Octobre 1764; un autre dans le Calendrier des Deuils de Cour pour l'année 1765; & M. Chabanon de l'Académie des Inscriptions & Belles-Lettres, a fait le troisiéme.

Les deux premiers sont historiques; on y trouve beaucoup d'excellens détails, rendus avec élégance. L'Auteur du troisiéme a mis, dans son Ouvrage, tout le feu de la plus riche imagination; & y a parlé de la Musique en Maître. L'amitié qui conduisoit sa plume, ne l'a pas aveuglé sur les erreurs dans lesquelles son ami avoit pu donner; & la critique la plus juste a servi, pour ainsi dire, de creuset d'où le mérite de M. Rameau est sorti plus brillant, & son nom plus assuré de l'immortalité.

Après un tel Eloge ce feroit une témérité de ma part que d'avoir élevé la voix fur le même fujet, fi j'eusse pu m'en difpenfer fans manquer au devoir de la Place dont je fuis honoré. Forcé par les circonftances à entreprendre un pareil Ouvrage, il ne me reftoit d'autre parti à prendre que d'épuifer les détails capables de faire connoître le grand Artifte que la France a perdu. C'eft ce que j'ai tenté. J'ai puifé les faits dans tous les Eloges écrits avant celui-ci. Je me fuis adreffé à toutes les perfonnes en état de me donner des éclairciffemens. Elles voudront bien me permettre de leur témoigner ici toute ma reconnoiffance, & ne pas trouver mauvais fi j'annonce que je dois tout ce que j'ai pu dire fur les particularités de la vie de M. Rameau, à MM. de Feligonde, Secretaire perpétuel de l'Académie de Clermont en Auvergne, l'un de nos Académiciens Honoraires; Venevaut, Peintre de l'Académie Royale de Peinture & Sculpture à Paris, l'un de nos Associés; & Balbâtre, Organiste de Nôtre-Dame de Paris.

C'est de ces deux derniers, auxquels je suis lié par des sentimens particuliers & par l'amour de la patrie, que je tiens mille traits capables de satisfaire la curiosité de ceux qui daigneront jetter un coup d'œil sur cet Éloge.

J'ai encore de très-grandes obligations à M. de la Condamine & à M. Piron notre Compatriote & celui du grand Rameau, un de nos Académiciens honoraires. Le premier a eu la complaisance de faire des recherches; & il m'a envoyé une note écrite de la main même de M. Chabanon. L'autre, en m'annonçant qu'il avoit trop peu vécu avec M. Rameau pour pouvoir satisfaire aux demandes que je lui faisois, a eu la bonté de ne me rien laisser ignorer de ce qu'il savoit au sujet de ce grand Homme, en me marquant ses regrets de ne pouvoir pas m'en apprendre davantage.

On verra dans les notes de cet Ouvrage combien je dois encore à Mrs. les Journalistes de Trevoux. Sans les excellens extraits qu'ils ont donnés des Ouvrages de M. Rameau; je n'aurois peut-être jamais pu les comprendre, n'étant pas moi-même Musicien; & j'aurois été hors d'état de donner le précis du système de M. Rameau; précis qui devoit trouver sa place dans les notes d'un Eloge consacré à faire connoître l'esprit & le cœur du plus grand Musicien que la France ait eu.

Le grand nombre de notes que j'ai ajoutées à cet Eloge, & l'étendue de la plupart d'entr'elles, m'ont engagé à les placer à la suite de l'Ouvrage principal; on en trouvera cependant quelques-unes au bas des pages du texte, mais elles sont très-courtes; & pour les distinguer les unes des autres, j'indique celles-ci par des lettres, tandis que je renvoie aux autres par des chiffres.

ELOGE HISTORIQUE

DE M. RAMEAU,

Compositeur de la Musique du Cabinet du Roi & l'un des Associés de cette Académie.

EAN-PHILIPPE RAMEAU, naquit en cette Ville le 25 Septembre 1683, de Jean Rameau Organiste & de Claudine Martinecourt (1).

Son pere n'avoit pu s'appliquer dès sa jeunesse à l'étude de la Musique (2), & l'on ne peut pas le compter parmi les Organistes distingués par leurs talens; mais ce fut en quelque sorte au peu de progrès qu'il avoit faits, que Rameau fut redevable de la perfection à laquelle il atteignit.

Rien n'égale la force des impressions que l'on reçoit dans le premier âge; alors les organes se forment, & à mesure qu'ils se développent, ils se montent sur un ton conve-

A iij

nable aux connoissances qu'on doit acquérir. Le pere de Rameau s'en étoit convaincu par ce retour sur soi-même, toujours plus lumineux que les conseils & les préceptes. Il avoit senti que le travail le plus opiniâtre ne peut réparer les défauts de l'éducation, sur-tout lorsque le succès dépend principalement de l'organisation, & s'attachant à faire profiter ses enfants d'un avantage que les circonstances lui avoient refusé, il employa tout pour leur faire une tête musicale; s'il est permis de s'exprimer ainsi (3).

Les premiers sons qui frapperent l'oreille de Rameau, furent ceux des instrumens que la main de son pere faisoit résonner autour de son berceau. La musique fut la premiere langue qu'il entendit & qu'il parla. Il pouvoit à peine remuer les doigts, qu'il les promenoit déjà sur le clavier d'une épinette.

Delà vint cet attrait invincible qui l'attacha sans cesse à l'étude d'un art aussi difficile qu'agréable. Delà ce sentiment exquis, cette espèce de tact qui le décida toujours sur ce qui étoit réellement beau. Delà le bon goût d'harmonie qui le dirigea dans l'application des régles qu'il découvrit, & dans la création des Chefs-d'œuvres qui immortaliseront sa mémoire.

Il commença le cercle des claffes dans lequel on circonfcrit la premiere éducation des jeunes gens; mais l'impétuofité de fon génie ne lui permit pas de l'achever; & l'étude des Belles-Lettres fut facrifiée à celle de la mufique vers laquelle fon penchant l'entraînoit (4).

Lulli, l'immortel Lulli, ce créateur de la mufique françoife venoit d'expirer. Quelques fonates & quelques trios apportés d'Italie en France faifoient connoître un nouveau genre de mufique, dont le brillant mis en oppofition avec la foibleffe des fymphonies de Lulli & des Compofiteurs qui lui fuccédoient, commençoit à ébranler l'attachement que l'on avoit au goût national. Enfin la mufique italienne fe faifoit des partifans; & lorfque Rameau fut capable de réfléchir fur fon art, il trouva les efprits partagés fu   genre de mufique auquel on devoit donner la préférence (5).

Forcé par fon amour pour la vérité, plus encore que par fon état à fe décider fur cet objet, il craignit la prévention nationale. Il s'arracha des bras paternels. Il s'expatria & s'achemina vers l'Italie. Mais la mufique italienne étoit alors bien éloignée de la perfection à laquelle l'ont portée depuis ce temps-là Leonard-Vinci & Pergolefe fon Eleve; & foit que Rameau fût entraîné par la légéreté naturelle à son âge (6) ; ou que le chagrin de n'avoir pas trouvé en Italie les beautés qui l'y avoient attiré, lui rendit disgracieux le séjour de cette région des arts, Milan fut le terme de ses courses, & sans avoir pénétré plus avant, il revint en France.

Il ne m'est pas possible de le suivre pas à pas depuis son retour. On a lieu de croire qu'il a demeuré à Lyon & à Montpellier (7). On sait qu'avant de se fixer à Paris, il y avoit déjà fait un séjour de quelques mois, & que les circonstances l'obligerent de retourner en Province & d'accepter l'orgue de la Cathédrale de Clermont (8). Mais la date de cet événement ne nous est pas connue; il est même difficile de désigner celle de son second voyage à Paris; il est cependant probable que ce fut en 1720 qu'il s'y établit. Epoque à jamais mémorable sur le parnasse françois; & de laquelle nous allons partir pour faire connoître par quels moyens il est parvenu, de son vivant même, à la plus grande célébrité.

La nature qui l'avoit choisi pour lui révéler ses secrets, ne s'étoit pas contentée de lui donner une oreille délicate & des doigts agiles ; elle l'avoit encore doué d'une ame forte, capable des réflexions les plus profondes & du travail le plus opiniâtre, lorsqu'il s'agissoit de découvrir la vérité (9).

Auſſi grand Philoſophe qu'habile Muſicien, Rameau étoit né pour être inſcrit dans les faſtes de la nation. L'honneur de percer le voile qui nous déroboit la connoiſſance des véritables principes de la muſique, lui étoit réſervé. La nature l'avoit choiſi pour nous faire connoître le vrai genre, le genre qu'elle avouoit elle-même ; & cédant à l'impulſion de ſon génie, il devint, ſans en avoir conçu le projet, le réformateur & le légiſlateur de la muſique. Il en perfectionna la théorie. Et il fit voir à la France étonnée juſqu'à quel point on pouvoit en porter la pratique.

„ Aux yeux du commun des hommes, la
„ muſique eſt un Art frivole ; mais à ceux des
„ perſonnes éclairées, elle eſt une ſcience fon-
„ dée principalement ſur les rapports des nom-
„ bres, & qui en enſeignant à flatter l'oreille,
„ fournit à la raiſon de quoi s'exercer (a) ;
auſſi la théorie de la muſique a-t-elle toujours été, depuis Pythagore, l'objet des méditations des Philoſophes.

Sans remonter à des temps fort reculés, nous voyons l'enſeignement de cette ſcience

---

(a) C'eſt ainſi que s'exprimoit Rameau dans ſa Dédicace de ſon Traité de la génération harmonique à Meſſieurs de l'Académie des Sciences.

confié par François premier au Professeur de mathématiques du collége royal. Presque tous les savans d'un certain nom s'en sont occupés dans ces derniers siécles. Parmi ceux qui ont écrit sur ce sujet, on compte Mersenne, Descartes, Wallis, Kircher, Huigens, Henfling, Carré, Sauveur, &c. Mais les spéculations les plus ingénieuses ne suffisent pas pour perfectionner les Arts. Si la théorie est capable d'en éclairer la pratique, la pratique doit à son tour constater la bonté de la théorie : comment celle de la musique auroit-elle donc pu acquérir quelque perfection ? Tandis que la plupart de ceux qui cherchoient à la perfectionner, ne connoissoient que de nom la partie pratique de cet Art agréable. Zarlin seul, Musicien de profession, auroit pu répandre quelques lumieres sur cet objet ; il entrevit le principe d'après lequel il auroit pu faire un système solide, mais il le perdit de vue ; il donna trop à l'Art & il s'égara. Kircher son Commentateur, n'osa pas s'écarter de la route que Zarlin lui avoit tracée, & la vérité échappa à ses recherches.

Les tentatives de Mrs. Carré, Huigens, Sauveur, &c. n'eurent pas plus de succès (a).

(a) Voyez les systêmes sur le son & sur la musique de M.

La résonnance du corps sonore les avoit, pour ainsi dire, mis sur la voie; mais plus occupés à calculer les vibrations que fait une corde pincée, qu'à apprécier les effets de cette vibration, ils s'attacherent à fixer le nombre des divisions que les tons connus pouvoient souffrir; à établir les rapports des vibrations de la corde selon ces divisions. Ils crurent par ce moyen faire connoître les accords, déterminer avec plus de précision le tempérament; rendre enfin la théorie de la musique plus lumineuse & plus facile. Mais faute d'avoir pris la meilleure route, ils ne firent peut-être que multiplier les obstacles en écartant les Artistes du vrai chemin qui les auroit conduit à la perfection. Tous ceux qui avoient peut-être seuls le droit de prétendre à y conduire l'Art musical, étoient rebutés par les difficultés dont on l'avoit hérissé. Les Musiciens les plus distingués se contentoient de connoissances superficielles; ils s'étoient fait une théorie défec-

---

Carré dans l'histoire de l'Académie Royale des Sciences de Paris, année 1704.

De M. Sauveur, même histoire, années 1704 & 1713.

De Mrs. Huigens & Hensling, même histoire, année 1711.

De M. de la Hire, Mémoires de la même Académie, année 1716.

De M. de Mairan, même histoire, années 1720 & 1737.

tueuse, parce qu'elle ne renfermoit aucun principe assuré. Le corps des loix qui les guidoient dans la composition, n'étoit qu'un amas indigeste de régles de pur méchanisme, d'habitude, de simple convention, sans suite, sans correspondance entr'elles.

La régle de l'octave, quoique très-souvent insuffisante, & quelquefois impraticable, étoit presque la seule dont l'usage fût d'une utilité sensible. Les modes, les accords étoient multipliés, pour ainsi dire, à l'infini. Tout ce qui constitue la théorie de la musique étoit enfin présenté dans un jour si incertain, qu'il paroissoit plus naturel aux Musiciens de négliger l'étude que de s'y livrer.

Le Compositeur étoit parvenu à se persuader que la composition à plusieurs parties ne pouvoit être dirigée que par l'usage (*a*). C'est encore à cet usage qu'on en appelloit, dans toutes les occasions. Les plus belles, les plus riches productions musicales étoient presque toujours l'ouvrage de l'instinct. Le goût étoit la seule boussole des plus grands maîtres; ils voguoient pour ainsi dire au gré du caprice. Mais Rameau ne tarda pas à connoître le vice

---

(*a*) Zarlin sur la composition à quatre parties renvoyoit à l'usage.

de cette méthode. Son caractere méditatif lui fournit bientôt les moyens de la corriger.

Il favoit que l'ufage ne rassuroit point contre les revers de la mode. Il avoit compris que le génie ne suppléoit pas à la fcience ; que la mufique avoit des régles certaines ; qu'elles devoient être tirées d'un principe évident ; que que fans le fecours des Mathématiques il falloit renoncer à l'efpérance de connoître ce principe ; & fans être arrêté par la difficulté de l'entreprife, il eut le courage d'étudier les Mathématiques.

Le premier fruit que Rameau retira de cette étude, fut la découverte de la véritable progreffion harmonique (10). Elle le conduifit à reconnoître avec Kircher, que l'harmonie parfaite étoit renfermée dans les fix premiers nombres (11). Ce fut alors qu'il s'apperçut de l'identité des octaves ; identité qui, en multipliant les combinaifons des fons, donnoit toute la variété qui conftitue la mufique (12).

Sous fa main les accords fe réduifirent à deux, l'un confonnant & l'autre diffonant.

La fuite des fons fondamentaux de ces accords lui donna la baffe fondamentale : baffe dont l'importance fuffiroit feule pour éternifer la mémoire de celui qui l'a reconnue le premier. Elle eft en effet la pierre de touche de l'harmonie & la bouſſole qui dirige le Muſicien dans la compoſition & dans l'accompagnement.

Pour juſtifier ce que j'avance, je n'aurois qu'à entrer avec Rameau dans le détail des loix de la compoſition : je n'aurois qu'à le ſuivre dans les préceptes qu'il donne ſur l'accompagnement; qu'à faire voir avec quel art il preſcrit la diſtribution des accords & comment il dirige leur enchaînement : mais je parlerois une langue qui m'eſt peu familiere, & qui ſeroit étrangere à la plupart des auditeurs. D'ailleurs ſans analyſer tous les ouvrages que publia cet Auteur depuis ſon Traité de l'harmonie, je ferai mieux ſentir le mérite de ſes découvertes en repréſentant le jugement qu'en a porté un tribunal auſſi éclairé qu'impartial, l'Académie Royale des Sciences.

Le corps ſonore avoit en vain fait entendre ſes harmoniques à Wallis & à Sauveur : l'oreille de ces Philoſophes n'avoit pas compris ce langage de la nature; mais il n'eut rien d'obſcur pour Rameau (13).

La chute d'un de ces torrens qui, dans le temps de pluie, ſe précipitent du haut des toits, cette chute, dis-je, à travers un tuyau de fonte, occaſionnoit une réſonnance qui le frappa; dès ce moment il ſe rendit attentif à celle d'un tuyau d'orgues, à celle des cordes que l'on pince; & s'il reconnut, avec les sçavants dont j'ai parlé, que chaque corps sonore faisoit entendre non seulement un son principal, mais encore la douziéme & la dix-septiéme en dessus; s'il vit que ceux, qui étoient multiples de celui-ci, frémissoient en même proportion & donnoient la douziéme & la dix-septiéme en dessous; il sçut saisir les conséquences que présentoit cette observation; il sçut appercevoir qu'elle lui révéloit le vrai mystere de l'harmonie; qu'elle lui en découvroit le véritable principe.

Le rapport des sons générateurs avec la basse fondamentale, lui rendit cette découverte plus précieuse & plus chere; & le desir d'imposer silence à ses critiques, en démontrant que son systême étoit l'interprétation seule des expressions de la nature, l'engagea à mettre au jour son Traité de la génération harmonique (14). Quand on peut se flatter d'avoir pris la nature pour guide, l'on desire la critique loin de la redouter. La confiance qu'inspiroit à Rameau l'accord de l'expérience & de l'observation, de l'oreille & de la raison, lui fit souhaiter que son Ouvrage fût soumis à l'examen de l'Académie des Sciences. Cette célèbre Compagnie répondit aux vœux de l'Auteur ; on lui donna pour Commiſſaires Mrs. de Mairan, Nicole & d'Alembert; tous trois auſſi incapables de prévention qu'en état d'apprécier ſes calculs & ſes raiſonnemens. Après avoir dit dans leur rapport, " que la „ baſſe fondamentale prouvée par l'Auteur, „ & puiſée dans la nature même , étoit le „ principe de l'harmonie & de la mélodie. " Après avoir donné un précis de tous les avantages que procuroit le ſyſtême de Rameau, ces ſçavants Commiſſaires ajoutoient.

„ Ainſi l'harmonie aſſujettie communément
„ à des loix aſſez arbitraires, ou ſuggérées par
„ une expérience aveugle, eſt devenue par le
„ travail de M. Rameau une ſcience géomé-
„ trique, & à laquelle les principes mathéma-
„ tiques peuvent s'appliquer avec une utilité
„ plus réelle & plus ſenſible (*a*). "

Qu'ajouterois-je, Meſſieurs, à un témoignage auſſi favorable à M. Rameau? Pour faire connoître juſqu'à quel point il a perfectionné la théorie de la muſique, faudra-t-il que je le ſuive dans l'expoſition de ſon principe & des conſéquences qu'il en déduit ? Non ſans doute, il ſuffira de faire voir que la mort ſeule a pu

---

(*a*) Voyez le Mercure de France du mois de Mai 1750, pag. 144 & ſuivantes, ainſi que la note 14.

faire

faire tomber la plume des mains de cet Auteur infatigable : que toujours attentif à la voix de la nature, il n'a cessé de travailler à rendre ses oracles intelligibles ; tantôt en donnant plus d'étendue à sa démonstration du principe de l'harmonie (15) ; tantôt en indiquant la maniere dont on doit s'y prendre pour former la voix & enseigner la musique (16) ; tantôt en nous faisant rentrer en nous-mêmes pour y observer notre instinct musical (17) ; tantôt enfin en rassemblant dans une espèce de code toutes les loix qui doivent diriger l'étude de la musique, la composition & l'accompagnement (18).

Il suffira de faire remarquer que M. Betizi se fit honneur de travailler d'après les découvertes de Rameau (19) ; que ses principes furent adoptés par M. d'Alembert (20). Quelle gloire en effet n'étoit-ce pas pour Rameau ! de voir qu'un très-savant Musicien approuvoit son système, de compter parmi ses sectateurs un des plus célèbres Mathématiciens de l'Europe, un des plus respectables Philosophes de notre siécle.

Aussi fut-il si flatté de l'honneur que M. d'Alembert lui avoit fait, qu'il en témoigna publiquement sa reconnoissance (21). Si dans la suite, il se montra trop sensible aux réflexions

B

critiques de ce sçavant Académicien; si même en relevant les erreurs qu'il apperçut, ou qu'il crut appercevoir dans les articles de l'Encyclopédie rélatifs à la musique (22), il écrivit d'un style amer & dur, qui contrastoit de la manière la plus frappante avec celui dont il avoit peint les sentimens de son cœur reconnoissant : qu'il me soit permis, sans prononcer sur le fond de la dispute, d'affoiblir les reproches que Rameau paroît mériter.

Né dans le centre d'une Province dont la franchise caractérise les Habitans, il ne put appercevoir la vérité, & la dissimuler; il ne fut point arrêté par la crainte des contradictions & de l'espèce de persécution à laquelle on s'expose en voulant démasquer les erreurs que le Public encense.

S'il eut souvent à résoudre des objections sérieuses & présentées avec modération; si pour soutenir son sentiment sur l'identité des octaves, sur l'existence des harmoniques en dessous, il fut obligé d'entrer dans des discussions géométriques avec Mrs. Esteve (23) & Euller (24); il se vit plus d'une fois forcé de combattre pour conserver l'honneur de ses découvertes, il fut souvent en butte aux traits de la plus basse jalousie (25).

Kircher disoit, l'un a découvert la basse

fondamentale. C'est Delacroix, assuroit l'autre, qui l'a enseignée à Rameau. Wallis & Sauveur, selon ceux-ci, avoient reconnu le principe sonore, en avoient tiré toutes les conséquences dont notre Auteur faisoit parade. Les régles qu'il donnoit pour neuves étoient pratiquées depuis long-temps. Ses principes, ses préceptes n'étoient propres qu'à faire de la musique bisarre, sans expression & sans goût. Enfin, il résultoit de sa méthode de doigter, „ une harmonie brute & dure, dont l'oreille „ étoit choquée (*a*). "

Quel est l'homme qui dans une position aussi critique, eût pu ne pas faire éclater son mécontentement? Quand Rameau dans ses écrits polémiques se seroit livré à quelques excès, il eût donc été excusable. On a pu, l'on a même dû lui pardonner un peu trop de chaleur dans le style, quelques expressions peu ménagées.

Je veux qu'enivré, pour ainsi dire, de sa découverte, il se soit trompé en croyant voir dans son principe sonore la source de tous les arts & de toutes les sciences; que dans sa lettre aux Philosophes il ait outré les conséquences (26); enfin, qu'il ait eu des torts en ménageant trop peu ses critiques. Mais ces légers

---

(*a*) Article doigter dans l'Encyclopédie.

B ij

nuages affoibliront-ils l'éclat de fa gloire ? Sera-t-il moins certain que Rameau a perfectionné, fi ce n'eft même créé, la théorie de la mufique ?

Pour détruire la plûpart des objections que l'on rifquoit contre fon fyftème ; pour faire fentir tout ce que les farcafmes de fes ennemis avoient d'odieux, il lui auroit fuffi d'en appeller à l'expérience. C'eft à la tribune de Ste. Croix de la Bretonnerie (27), à la falle du Concert (28), à celle de l'Opéra, qu'il auroit dû fommer fes adverfaires de fe rendre. Là fans doute l'Abbé des Fontaines n'auroit pas dit : " Et vous fpéculations Phyfico-Mathé-
" matiques, ceffez de vouloir prendre part au
" plaifir de l'oreille : vous êtes cependant ref-
" pectables par votre curieufe inutilité, parce
" que la vérité la plus ftérile eft toujours di-
" gne de nos refpects (a). "

Forcé de fe réformer, cet Ariftarque éclairé, mais trop fouvent injufte, auroit avoué que la connoiffance des régles pouvoit diriger le goût, indiquer la route du cœur & faire faifir le vrai beau. Que le même génie qui avoit

---

(a) Lettre 139 des Obfervations de M. l'Abbé des Fontaines fur quelques écrits modernes, en date du 24 Août 1737, pag. 86.

réussi à former sous la dictée de la nature un corps de loix musicales, étoit capable de porter, dans la pratique, la musique françoise au plus haut point de gloire.

Malgré les efforts des Boisset, des Lambert, des Camus; malgré les succès des Lulli, des Colasse, des Marchand, des Destouches, des Campra, des Mouret, & de tant d'autres habiles Musiciens; la musique françoise, tant instrumentale que vocale, n'étoit goûtée qu'en France, & l'Italienne triomphoit par toute l'Europe, lorsque Rameau par l'exécution la plus brillante, par la composition la plus belle & la plus sçavante, vint opérer une révolution imprévue qui fit partager à notre musique l'empire que possédoit sa rivale.

D'abord ce célèbre Compositeur avoit seulement ambitionné de paroître avec l'éclat d'un Organiste digne du suffrage des connoisseurs, dont la Capitale abonde. Plusieurs piéces de clavecin qu'il avoit fait graver (29), la jalousie même d'un des meilleurs Organistes de Paris, avoient commencé sa réputation; ses leçons de clavecin (30) & l'orgue de Sainte Croix de la Bretonnerie acheverent de l'établir. Bientôt il fut regardé comme supérieur à Marchand

& capable d'entrer en paralelle avec Clairambaut. Moins brillant peut-être dans l'exécution, mais plus sçavant que le premier, dont il se glorifioit d'être l'éleve, sa main ne cédoit pas en délicatesse à celle du second; & je ferai connoître l'étendue de son mérite en ce genre par un seul trait bien capable de le caractériser.

Lorsque pénétré des vrais principes de son art, instruit de toutes les régles, un artiste sçait s'en écarter à son gré; c'est alors qu'on ne peut pas douter de son intelligence & de son sçavoir. Il est peut-être plus difficile de violer les régles avec méthode que de faire des chefs-d'œuvres en les suivant. Pour faire à dessein exactement mal, il faut non seulement sçavoir par quel moyen il est possible de bien faire, mais encore lutter contre l'attrait qui nous y porte.

Quand pour obtenir du Chapitre de Clermont la liberté qu'il réclamoit en vain, Rameau forma par l'ensemble des jeux d'orgues les plus désagréables, par les dissonnances les plus aigres, un charivari capable de déchirer les oreilles les moins sensibles; il ne montra donc pas moins d'art que dans le moment où, après avoir obtenu son congé, il sçut, en réunissant tout ce que l'harmonie pouvoit avoir de plus touchant & de plus flatteur, augmenter la vivacité des regrets que sa perte inspiroit (31).

Rameau fut donc un Organiste réellement distingué, & ses sonates, ses concertos, mais sur-tout différentes symphonies & piéces de clavecin qui furent transportées en Italie, le firent connoître avec le plus grand avantage : l'Italien même commença dès-lors à s'étonner qu'un Musicien françois pût mériter des louanges. Mais le moment n'étoit pas éloigné où l'admiration devoit succéder à la surprise. Le génie de Rameau le poussoit dans une carriere plus brillante, & des chefs-d'œuvres de musique vocale devoient assurer son immortalité.

Avant de quitter Clermont, il s'étoit déjà essayé dans le genre lyrique par trois cantates à voix seule (32), qui eurent le plus grand succès en Province. Quelques motets à grand chœur, les cantates de Thétis & l'enlevement d'Orythie furent bientôt après pour les connoisseurs un présage assuré de sa grande réputation.

Ce sont ces motets & ces cantates qu'il indiquoit à M. de Lamothe, lorsqu'en 1727 il cherchoit à engager ce Littérateur célèbre à lui confier quelques paroles qu'il pût mettre en musique. (33).

De pareilles productions auroient dû décider Lamothe à s'attacher en quelque forte à la fortune de Rameau : le refus qu'il lui fit doit paroître bien étrange, sur-tout quand on sçait que pour l'y déterminer, Rameau l'engageoit à venir entendre comment il caractérisoit le chant & la danse des Sauvages. Votre surprise n'augmenteroit pas peu, Messieurs, si je lisois ici la lettre même que Rameau écrivoit à Lamothe, puisqu'on y voit un homme pénétré de la difficulté d'une entreprise aussi grande que celle d'un Opéra, & qui connoît les ressorts qui doivent faire jouer une machine aussi compliquée.

Si Lamothe résista aux instances, de ce sçavant Musicien, c'est, sans doute, pour n'avoir pu se garantir des idées désavantageuses qu'on lui avoit données de notre illustre Compatriote.

Forcés d'avouer leur ignorance ou de s'élever contre le novateur, les Musiciens qui jouissoient de la confiance du public, mettoient tout en œuvre pour le décrier. Les plus modérés d'entr'eux, selon l'usage constamment suivi parmi les gens d'une même profession, lui donnoient des louanges, mais avec des restrictions qui tendoient à détourner l'effet du paralelle qu'on pouvoit faire entr'eux. Ils convenoient volontiers que Rameau étoit sçavant, mais ils en concluoient qu'il ne pouvoit faire de la musique agréable.

Un homme livré aux spéculations arides de la science des nombres & des grandeurs ; un Mathématicien hériffé de calculs, pourroit-il, disoit l'un, avoir un cœur sensible ? pourroit-il nuancer les différens sentimens que la musique doit peindre ? L'autre assuroit que le seul mérite des morceaux qu'il avoit mis au jour étoit d'être difficiles à exécuter. Que semblable à ces voltigeurs qui se plaisent à nous effrayer par des sauts surprenants, Rameau affectoit les intonations les plus singulieres, les accords les plus extraordinaires, & s'élevoit jusqu'au Ciel pour retomber avec plus de fracas ; qu'en voulant enfin se frayer une route nouvelle, il s'étoit écarté de celle que Lulli avoit ouverte & qu'on avoit toujours suivie avec succès.

Tels étoient, Messieurs, les moyens dont les Musiciens se servoient pour empêcher Rameau de percer la foule obscure qu'il alloit bientôt dissiper ; & comme le nombre des gens intéressés à l'écarter étoit immense, l'entrée du temple, où ses succès devoient être écrits en caracteres ineffaçables, lui fut long-temps interdite. Rebuté même des tentatives qu'il avoit faites, il avoit renoncé à l'espoir de paroître sur la scene lyrique, quand la représentation de l'opéra de Jephté lui fit reprendre la résolution de s'exercer dans ce genre (34).

Un Poëte envers lequel ſes contemporains furent auſſi injuſtes que Boileau l'avoit été à l'égard de Quinaut, l'Abbé Pellegrin étoit l'auteur du poëme de Jephté. Ce fut à lui que Rameau crut devoir s'adreſſer pour avoir les paroles d'un opéra : mais ſans l'indigence de cet Abbé, ce ſçavant Compoſiteur n'eût peut-être jamais trouvé l'occaſion de déployer tous ſes talents. Ce qui rend cette conjecture très-probable ; c'eſt que le Poëte exigea du Muſicien un billet de 500 livres, & qu'il ne livra l'opéra d'Hipolyte & Aricie qu'après avoir reçu ce billet. Mais s'il eût à ſe reprocher d'avoir montré tant de défiance au grand Rameau; qu'il répara bien cette injuſtice ! & que cette eſpèce de faute fit d'honneur à ſon goût.

Le premier acte de cet opéra fut répété chez un particulier qui aimoit notre Compatriote (35). L'Abbé Pellegrin étoit préſent à cette répétition, & frappé de la beauté de la muſique, il courut embraſſer l'Auteur & déchira le billet en s'écriant, qu'un pareil Muſicien n'avoit pas beſoin de caution : qu'auroit donc dit cet Abbé s'il eût entendu le ſecond acte ?

Quelle gloire pour lui d'avoir le premier connu le mérite d'un Compoſiteur contre lequel on avoit inſpiré les plus injuſtes préventions ? mais que le jugement qu'il avoit porté eut de peine à être approuvé du public !

Les ennemis de Rameau avoient toujours travaillé à l'empêcher de paroître sur la scene. Ils se liguerent & caballerent pour l'en faire descendre avec ignominie; malheureusement le caractere de la musique de l'opera d'Hypolite & Aricie servit quelque temps leur malignité.

Que ne peut l'habitude sur nous ? Si depuis long-temps nous n'avions été éclairés que par la foible lueur d'un flambeau, nous fermerions les yeux à la lumiere du soleil, & la crainte d'être ébloui pendant quelques momens, nous feroit préférer l'horreur des ténèbres à l'éclat du plus beau jour. La nature nous inspire en vain le bon goût, l'habitude en forme souvent un factice, pour lequel les préjugés fortifient notre attachement; & Rameau faillit à en être la victime.

Lulli avoit accoutumé nos oreilles aux sons les plus doux, aux intonations les plus faciles; content d'intéresser le cœur, il n'avoit que rarement cherché à captiver tous nos sens par la magie de l'harmonie; il s'étoit principalement attaché à la mélodie que le goût & le sentiment lui inspiroient; & quoique ce grand Musicien n'eût pas saisi tout ce qui caractérisoit le goût naturel, le François né sensible, toujours entraîné par le mouvement de son cœur, n'avoit pas cru qu'il pût y avoir d'autres beautés que celles qui brilloient dans les œuvres de ce créateur de la musique françoise. Le goût qui regnoit dans ses opéra paroissoit au public le bon goût, par excellence. Tous les ouvrages de musique n'étoient appréciés que par les rapports qu'ils avoient avec ceux de Lulli. Campra, Mouret, Destouches, & tous ceux qui avoient paru jusqu'alors sur la scene, avoient encore donné de la force à ce préjugé, en s'attachant à imiter cet homme célèbre. Quel effet ne devoit donc pas produire sur les esprits le goût dans lequel Rameau avoit composé son opéra?

On entendoit, pour la premiere fois, des airs dont l'accompagnement augmentoit l'expression, des accords surprenants, des intonations qu'on avoit cru impraticables, des chœurs, des symphonies dont les parties différentes, quoique très-nombreuses, se mêloient de façon à ne former qu'un tout. Les mouvements étoient combinés avec un art inconnu jusqu'alors; appliqués aux différentes passions avec une justesse qui produisoit les effets les plus merveilleux. Ce n'étoit plus au cœur seul que la musique parloit; les sens étoient émus,

& l'harmonie enlevoit les spectateurs à eux-mêmes, sans leur laisser le temps de réfléchir sur la cause des espèces de prodiges qu'elle opéroit.

Lulli avoit charmé, avoit séduit; Rameau étonnoit, subjuguoit, transportoit. Etoit-il facile de reconnoître dans la musique de celui-ci le véritable langage de la nature, tandis qu'on étoit prévenu que l'autre avoit sçu le rendre?

Aussi la toile fut à peine levée, qu'il se forma dans le parterre un bruit sourd, qui croissant de plus en plus, annonça bientôt à Rameau la chute la moins équivoque. Ce n'étoit pas cependant que tous les spectateurs contribuâssent à former un jugement aussi injuste; mais ceux qui n'avoient d'autre intérêt que celui de la vérité, ne pouvoient encore se rendre raison de ce qu'ils sentoient, & le silence que leur dictoit la prudence, livra le Musicien à la fureur de ses ennemis (36).

Un revers si peu mérité l'étonna sans l'abattre: je me suis trompé, disoit-il; j'ai cru que mon goût réussiroit; je n'en ai point d'autre; je ne ferai plus d'opéra.

Cette résolution qui fait connoître jusqu'à quel point Rameau respectoit le goût du public, eût eu des suites bien préjudiciables au progrès de la musique, & l'art encore imparfait eût été borné sans retour; si revenus de leur premiere surprise, les connoisseurs n'eussent senti les beautés d'un genre dont la nouveauté les avoient d'abord étonné au point de les mettre hors d'état de se décider sur son mérite. Leur silence avoit servi la jalousie des rivaux de notre Compatriote, avoit porté coup à sa réputation naissante; mais bientôt leurs suffrages assurés & réfléchis y mirent le sceau.

Peu à peu les représentations d'Hypolite furent plus suivies & moins tumultueuses; les applaudissements couvrirent les cris d'une cabale qui s'affoiblissoit chaque jour; & le succès le plus décidé couronnant les travaux de l'Auteur, l'excita à de nouveaux efforts; efforts précieux qui lui firent partager avec Lulli les honneurs de la scene lyrique; & par la révolution la plus étonnante, lui mériterent le titre glorieux de réformateur de la musique.

En vain ses rivaux voulurent-ils dans la suite élever la voix; en vain le déchirerent-ils par des libelles, il les confondit par de nouvelles productions, où se pliant à tous les genres, il montra qu'un homme de génie sçait saisir & peindre toutes les passions.

On l'accusoit d'être incapable de faire de la musique tendre, gaie, légere; & l'opéra des Indes galantes, dans lequel tous les différents caracteres de la musique sont réunis, acheva de fermer la bouche à ses envieux.

Ils osoient prétendre que Rameau ne faisoit pas un air chantant; mais la plupart des morceaux de cet opéra & même les airs de danse, presque tous charmants, pleins de goût & d'invention, furent parodiés, & sont encore dans la bouche de tout le monde.

Dès ce moment les yeux de la France se fixerent avec complaisance sur notre Compatriote. Les applaudissements le suivoient pour ainsi dire par-tout (37); & sa fécondité égalant la force de son génie, il s'empara de la scene lyrique & donna successivement Castor & Pollux, les Talents Lyriques, Dardanus, les Fêtes de Polymnie.... Mais je m'arrête, Messieurs, l'énumération seule de ces chefs-d'œuvres me conduiroit trop loin; & il n'est personne parmi vous qui ne sçache de combien de piéces M. Rameau a enrichi le répertoire de l'Académie Royale de musique (38).

Toujours nouveau, toujours varié & se rendant de plus en plus naturel : tantôt par une touche mâle & vigoureuse, il inspira l'horreur & l'effroi; tantôt par les sons les plus flattés & les plus doux, il arracha des larmes; tantôt jouant avec les graces ou badinant avec la marotte de Momus, il plaça sur le théâtre les tableaux les plus riants, les plus agréables ; enfin, ce qu'avant lui aucun compositeur n'avoit fait, ce qu'après lui personne encore n'a ofé tenter, Rameau fçut tour à tour faire gémir Melpomene & répandre l'enjouement fur les pas de Terpsichore & de Thalie.

Tous fes opéra cependant ne furent pas également accueillis. Je pourrois dire que la foiblesse de la plupart des poëmes qu'il mit en musique en fut presque toujours la cause. Rameau n'a pas été heureux dans le choix du Poëte qu'il s'étoit attaché de préférence. L'on fçait que la nature ne donne pas tous les talents à la même personne ; un excellent Musicien peut n'être pas connoisseur en poësie ; mais le nôtre est trop grand pour que je fois intéréssé à dissimuler fes fautes. Je peux avouer fans crainte qu'on a quelquefois desiré un rapport plus direct entre les paroles & les airs ; je le peux d'autant mieux, qu'il ne fut presque jamais vaincu que par lui-même, & que ce fut le plus souvent en opposant Rameau à Rameau, qu'on fe permit de censurer fes ouvrages (39).

Il ne porta pas le récitatif au point de perfection où l'on appercevoit souvent qu'il eût été capable de le conduire, je le fçais ; mais si dans cette partie même, il doit en quelques endroits le céder à Lulli & à Destouches, je
fçais

sçais qu'il surpassa tous ceux qui marcherent en même temps que lui dans la carriere lyrique: je sçais encore que plus grand qu'eux dans plusieurs morceaux de ce genre, il leur étoit supérieur dans les symphonies & dans tous les airs de caractere (40).

Toutes les ouvertures de ses opéra sont de la plus grande beauté; tous ses airs de danse sont admirables; & les suffrages des étrangers, ceux même des Italiens, ont à cet égard mis un laurier immortel sur le front de Rameau.

L'opéra de Zoroastre a été traduit en Italien, & joué à Dresde. Les symphonies, les airs de danse de ce grand Homme sont adaptés aux opéra d'Italie (41). Quel éclat ne répand pas sur lui un témoignage si peu suspect? Comment ses ennemis ont-ils cru réussir à l'affoiblir, en soutenant qu'on dédaigne en Italie de faire des airs de danse (*a*)?

Le ridicule de cette prétention est si saillant qu'on seroit tenté de suspecter la vérité de cette assertion; mais doit-elle étonner quand on a vu refuser à la langue françoise la faculté de pouvoir s'associer à une bonne musique, & nier en conséquence qu'il y eût une musique

---

(*a*) Assertion de Mr. Jean-Jacques Rousseau dans sa lettre contre la musique françoise.

françoife; quand on a vu prodiguer à la Serva Padrona, à la Zingara, des applaudiſſements qu'on n'avoit donnés à Zoroaſtre qu'avec la plus grande réſerve (42).

Mais ſi Paris fut ſéduit par ces nouveautés agréables, le preſtige d'un goût excluſif ne dura pas long-temps, & l'eſpèce d'enthouſiaſme avec lequel il a accueilli Caſtor & Pollux dans ſes repriſes, en faiſant honneur à ſon goût, a vengé Rameau de la maniere la plus éclatante (43).

Il eſt donc vrai que ce célèbre Artiſte a non ſeulement perfectionné la théorie de ſon Art, mais encore que joignant l'exemple aux préceptes, il a étonné l'Europe & porté la muſique françoiſe au plus haut point de ſa gloire.

Le développement de ces vérités, Meſſieurs, ſuffit ſans doute pour établir les droits que Rameau avoit à votre eſtime. Mais juſqu'à préſent je n'ai fait mention que de ſes travaux ſans parler des récompenſes qu'il obtint. D'ailleurs, plus un homme eſt grand, plus on aime à le connoître en détail; les particularités de ſa vie, les qualités de ſon eſprit, ſa figure même intéreſſent la curioſité, & je dois en hiſtorien m'empreſſer de ſatisfaire la vôtre.

Rameau étoit d'une taille fort au deſſus de la médiocre, mais d'une maigreur ſinguliere;

tous les traits de son visage étoient grands, bien prononcés, & annonçoient la fermeté de son caractere; ses yeux étincelloient du feu dont son ame étoit embrasée : si ce feu paroissoit quelques fois assoupi, il se ranimoit à la plus légere occasion, & Rameau portoit dans la société le même enthousiasme qui lui faisoit enfanter tant de morceaux sublimes. Ainsi, quand on se rappelle que ce Musicien célèbre aimoit la gloire, qu'il faisoit tout pour elle, qu'il voyoit une foule d'envieux & d'ignorants acharnés à le décrier, on ne doit pas être étonné qu'on ait accusé Rameau d'être peu sociable. Quel est le grand Homme auquel on n'ait pas fait le même reproche ? Malherbe, Corneille, Milton, Michel Ange & Lulli passoient pour être sombres & brusques (44). Les gens médiocres sont forcés de polir exactement leurs surfaces ; mais les hommes de génie dédaignent cette attention qu'ils croient, peut-être mal-à-propos, au dessous d'eux. Au reste, qu'importe à la postérité, qu'un homme, dont le génie l'éclaire, ait été d'un humeur peu traitable. Quoi qu'il en soit, si Rameau eut encore ce trait de ressemblance avec les plus grands Hommes du siécle précédent, on trouve dans son application à défendre Lulli contre les attaques du fameux Rousseau (45); dans la vivacité des sentimens qu'il exprima, lorsqu'en 1761 cette Académie se l'associa (46) ; dans son empressement à rendre service à tous ceux avec lesquels il avoit eu des relations (47) : on trouve, dis-je, des preuves marquées de la bonté de son cœur.

Trop grand pour être jaloux, il louoit avec sincérité, avec plaisir, avec chaleur, ceux qui méritoient des louanges, eussent-ils même été ses ennemis (48) ; il distinguoit, il encourageoit les talens : Mrs. Marchand, Dauvergne & Balbâtre rendent hautement témoignage aux bontés dont il les combla. J'ajouterai, pour achever son portrait, que quelque prévenu qu'il dût être en sa faveur, il cédoit aux observations critiques des gens instruits. Souvent Mrs. Rebel & Francœur lui ont fait réformer sur la partition, des morceaux de musique auxquels il avoit d'abord paru fort attaché (*a*). Il porta la sincérité jusqu'à avouer, dans les derniers temps de sa vie, qu'il sentoit son génie s'affoiblir (49) : aveu qu'un grand homme seul pouvoit faire. Son ame étoit douée de la plus grande sensibilité, & son oreille de la plus grande délicatesse. La musique lui a souvent fait verser des larmes (50) ; & lors des ré-

_____

(*a*) Ce trait est tiré de la lettre que m'a écrite M. Balbâtre.

pétitions de ses opéra, il démêloit la moindre dissonnance étrangere à sa composition, & il désignoit avec le doigt celui des Musiciens auquel on pouvoit la reprocher.

Je ne le suivrai pas plus loin, Messieurs, & je ne vous conduirai pas dans son cabinet, où livré à la composition, il essayoit sur le violon, & quelquefois sur le clavecin, l'effet des airs qu'il imaginoit (51); il seroit impossible de rendre avec assez de force l'enthousiasme dont en ces instants il étoit transporté : qu'on se rappelle, pour en juger, avec quelles couleurs il sçavoit peindre les sentiments les plus forts, les situations les plus pathétiques & les plus terribles; qu'on se transporte en idée sur le théatre où l'on admira si souvent ses talents; talents sublimes qui lui procurerent tous les avantages qui peuvent flatter un homme sensible à la vraie gloire.

Notre auguste Monarque, juste appréciateur du mérite, s'étoit convaincu par lui-même que les applaudissements donnés à Rameau n'étoient point l'effet du goût des François pour les nouveautés. Dès 1744 ce célèbre Artiste obtint de l'estime de son Roi, la preuve la plus flatteuse qu'un François puisse desirer, la confiance de son Maître.

Un mariage que le peuple souhaitoit depuis long-temps avec ardeur, alloit bientôt soutenir les espérances de la nation; des Fêtes pompeuses devoient exprimer la joie de la France, & Rameau fut choisi pour ajouter encore, s'il étoit possible, à la vivacité des sentiments des François que M. de Voltaire s'étoit chargé de rendre (53). La maniere heureuse dont il répondit aux vues de S. M. & aux vœux de la nation, lui valut le titre de Compositeur de la musique du Cabinet, & deux mille livres de pension.

Il fut chargé, quelque temps après, de mettre en musique différents actes d'opéra, que les Seigneurs de la Cour devoient jouer sur le théatre des petits appartements (53); & plus d'une fois en réunissant leurs applaudissements à ceux que Rameau recevoit de la bonté du Roi, les courtisans agirent avec sincérité, en imitant leur Maître.

Lorsque la reconnoissance de Mrs. Rebel & Francœur les porta à faire sur les fonds de l'Académie de musique une pension de 1500 liv. à Rameau, sans l'en avoir prévenu (54); les Ministres d'Etat s'empresserent d'assurer l'exécution d'un projet aussi louable.

Mais nous osons le dire, ce que l'on avoit fait jusques-là pour Rameau, lui laissoit encore quelque chose à prétendre. Ce sçavant Musicien avoit servi la France en l'illustrant; la France devoit à son tour répandre sur lui cet éclat qui distingue ceux dont les aïeux lui ont rendu des services importants. Des Lettres de Noblesse (55) acquitterent l'espèce de dette que l'Etat avoit contractée; & Rameau alloit être décoré de l'Ordre du Roi, quand la mort vint l'enlever; mort annoncée par la langueur qui minoit depuis long-temps ce grand Homme, & par l'âge avancé auquel il étoit parvenu, mais qui n'excita pas moins les regrets les plus vifs. Ce fut aussi par les plus frappantes expressions de la douleur qu'on signala la peine qu'on ressentit de sa perte.

Mrs. Rebel & Francœur, à la tête de l'Académie de musique, lui firent faire un service solemnel, où l'on vit assister tout ce qu'il y avoit de plus distingué à la Cour & à la ville; tout ce que Paris renfermoit d'amateurs; service où la musique de Rameau adaptée aux paroles sacrées des Livres saints, fit verser des larmes aux assistants (56).

M. Philidor suivit, peu de temps après, un si bel exemple (57). L'on vit en plusieurs Villes du Royaume les Musiciens se réunir pour porter aux pieds de l'Eternel les plus ferventes prieres en faveur de notre Académicien (58).

Plusieurs Poëtes chercherent à exprimer dans une épitaphe les regrets de la France & les motifs de ses regrets (59).

Combien de fois nos concitoyens n'ont-ils pas témoigné l'estime particuliere qu'ils faisoient de Rameau ? Un des membres de cette Académie célébra ce grand Homme, il y a quelques années, dans des stances qu'il lut à une séance publique (60). Plusieurs d'entre nous avoient saisi avec empressement une occasion qui se présentoit de signaler leur zèle pour sa gloire. Le Journal encyclopédique avoit annoncé (a) qu'on proposoit une souscription pour élever une statue à Rameau; ils écrivirent à Paris pour se faire inscrire; mais l'avis étoit faux & leurs espérances s'évanouirent.

Qu'elles étoient légitimes cependant, ces espérances, Messieurs, & qu'il seroit à souhaiter qu'à l'exemple d'Athenes & de Rome on élevât des statues à tous les grands Hommes. C'étoit le projet d'un de nos Académiciens honoraires, M. du Terrail (61). Regretterons-nous toujours qu'un projet aussi beau ne soit

―――――――――――――――――

(a) Voyez le second volume du mois de Novembre 1764.

pas exécuté ? La gloire de donner cet exemple à la France devroit nous toucher.

Si notre patrie se glorifie d'avoir vu naître Saumaise, Bossuet, Bouhier, Lamonoie, Crebillon, Rameau; si elle compte encore avec complaisance parmi ses enfants les Buffon, les Piron & plusieurs autres personnes distinguées par leurs talents ou par leur sçavoir ; pouvons-nous douter de l'effet que produiroit sur la jeunesse une galerie patriotique, où les statues de tous ces hommes célèbres seroient placées ?

En nous rendant leurs traits, ces statues rappelleroient sans cesse à l'esprit des jeunes gens les moyens par lesquels ces sublimes Orateurs, ces Sçavants infatigables, ces ingénieux Auteurs, ces habiles Artistes auroient mérité cette espèce d'apothéose. Leur éloquence persuasive, quoique muette, développeroit infailliblement parmi nous des talents distingués, qui pour éclorre ont besoin d'être échauffés par l'espoir de la gloire.

A quel âge apprenons-nous que des hommes de génie ont illustré notre patrie ? C'est presque toujours dans l'âge mûr, & leurs images frapperoient nos yeux dès que nous les ouvririons à la lumiere.

Il me semble que ce seroit féconder d'une façon puissante le germe de l'émulation que l'illuftre Fondateur de cette Académie avoit à cœur de développer. Une pefpective auffi flatteufe ne pourra-t-elle nous émouvoir ? Admirerons-nous toujours les Anglois fans les imiter en ce qu'ils font de bien ? Les foufcriptions feront-elles pour eux feuls la fource des établiffements les plus utiles ?

Le fuccès de la propofition que je hazarde, prépareroit à mes fucceffeurs la fatisfaction de louer plufieurs de nos Compatriotes avec autant de juftice que je viens de le faire en travaillant à exprimer les fentiments d'eftime & d'admiration que Rameau a fçu vous infpirer (52).

NOTES.

(1) IL vint au monde à quatre heures du soir le 25 Septembre 1683 ; son pere demeuroit sur la paroisse Saint Médard.

(2) Le pere du grand Rameau avoit près de trente ans, lorsque M. Drey, Chanoine Musical & Organiste de la Ste. Chapelle, s'étant apperçu de son assiduité à la tribune & de son application à l'écouter, lui donna les premiers principes de musique, & lui fit mettre la main sur le clavier.

(3) Il leur enseigna la musique avant même qu'ils eussent appris à lire ; des récompenses proportionnées à leurs desirs étoient distribuées à ceux qui sçavoient bien leurs leçons ; & l'inattention, la fainéantise étoient punies très-sévérement ; aussi ses enfans surent-ils parfaitement la musique.

Demoiselle Catherine Rameau sa fille qui n'est morte qu'en 1762, touchoit fort bien du clavecin ; elle a pendant très-long-temps enseigné la musique dans cette Ville : mais plusieurs années avant sa mort, ses infirmités l'avoient mise hors d'état de travailler : & son frere dont je fais l'éloge, lui faisoit une pension qu'il lui paya toujours exactement.

Claude Rameau, frere puîné de Jean-Philippe, s'étoit fait un grand nom parmi les Organistes ; il avoit paru avec éclat dans plusieurs Villes du Royaume : il céda à son frere l'orgue de la Cathédrale de Clermont, quand celui-ci, après un premier voyage à Paris, se vit obligé de retourner en Province.

Claude Rameau a passé la plus grande partie de sa vie à Dijon, où il a eu à différentes fois l'orgue de l'Abbaye de St. Benigne & celui de la Cathédrale ; il est mort en 1761 à Autun.

Il n'étoit pas, à beaucoup près, aussi sçavant que son frere ; mais il avoit, comme lui, un feu que l'âge même ne put point amortir, la main bien plus brillante, & la plus excellente exécution : il eût vécu heureux, si son caractere indomptable & son humeur fougueuse l'eussent laissé profiter des faveurs de la fortune, & de l'estime que la supériorité de ses talents lui avoit conciliée.

(4) Le Pere Gauthier, Religieux Carme, condisciple de Rameau, m'a assuré qu'il se distinguoit dans le collége par une vivacité peu commune ; mais que pendant les classes il chantoit ou écrivoit de la musique, & qu'il ne passa pas la quatriéme.

(5) Lulli mourut le 22 Mars 1687.

(6) On ne sçait à quel âge il quitta Dijon pour commencer ses voyages ; mais à en juger par sa vivacité & par quelques endroits de ses ouvrages, notamment par sa réponse à l'Auteur anonime de la Conférence sur la musique, on peut présumer qu'il sortit de sa patrie & s'achemina vers l'Italie avant que d'avoir atteint sa vingtiéme année.

(7) M. Rameau voulant prouver que l'harmonie nous est naturelle, rapporte dans son Traité sur la maniere de former la voix, qu'un homme du commun, âgé de plus de 70 ans, qui n'avoit jamais eu aucun principe de musique, & qui même ne fréquentoit les spectacles que depuis très-peu de temps, parce que sa fortune ne lui avoit pas permis de le faire plutôt, étant un jour dans le parterre à Lyon, pendant la représentation d'un opéra, se mit à chanter tout haut & assez fort la basse fondamentale d'un chant dont les paroles l'avoient frappé.

Cette observation faite à Lyon, prouve que Rameau a séjourné quelques temps dans cette Ville, & confirme ce que la tradition avance à ce sujet. Dans sa réponse à la replique de l'Auteur anonime de la Conférence, il dit en 1730, qu'à l'âge de 20 ans M. Delacroix de Montpellier lui avoit appris la régle de l'octave ; ce qui donne lieu de croire qu'il a parcouru le Languedoc & fait quelque séjour à Montpellier.

(8) Dans le premier voyage que Rameau fit à Paris, il alla aux Cordeliers entendre Marchand qui en étoit l'Organiste ; il fut frappé de la beauté de l'exécution de ses symphonies, mais il reconnut aux fugues que cet Artiste n'étoit pas bon Musicien : cependant pénétré d'admiration pour les talents de Marchand, Rameau crut qu'un jeune homme devoit trouver un protecteur dans un Artiste célèbre, il lui rendit visite. Marchand lui fit d'abord beaucoup d'offres de service ; ensuite il lui demanda à voir quelques-unes de ses piéces d'orgue dont il lui parloit ; mais dès qu'il les eut vues, il

conçut de la jalousie contre Rameau, & ne voulut plus s'employer pour lui.

Le défaut de ressources obligea Rameau à quitter Paris; ce fut alors qu'il alla s'établir à Clermont en Auvergne, où il composa plusieurs cantates & son Traité de l'Harmonie réduite à ses principes. Le desir de mettre ce Traité au jour étoit le motif dont il appuyoit la demande qu'il faisoit au Chapitre de Clermont pour la résiliation du bail qu'il avoit fait. Ainsi cet ouvrage ayant été imprimé en 1722, on peut en conclure que ce fut en 1717 ou 1718 que Rameau fit son premier voyage à Paris, & le second en 1721.

(9) Ses ouvrages donnent des preuves sans nombre de son ardeur à rechercher la vérité & la perfection; Rameau étoit de ces hommes qui n'ont point de volontés foibles, mais qui sont capables des résolutions les plus fortes. Une anecdote de sa jeunesse met son caractere dans un jour bien favorable.

Sa dissipation & ses voyages ne lui avoient pas permis d'épurer son langage : une femme qu'il aimoit lui en fit des reproches; il se mit aussi-tôt à étudier sa langue par principes, & il y réussit au point de parvenir en peu de temps à parler & à écrire correctement.

(10) C'est la progression arithmétique 1, 2, 3, 4, 5, 6, &c. Ce qui prouve qu'elle est plus harmonique que celle à laquelle on a donné ce nom, c'est que le système primitif du chant & véritablement harmonique, est de sauter tout d'un coup d'une extrémité à l'autre *ut*, *ut*, puis à la quinte *sol*, à la quarte de cette quinte *ut*, à la tierce majeure de cette quarte *mi*, & à la tierce mineure de cette tierce majeure *sol*, & que l'ordre diatonique ne s'établit que par une longue série (*a*) de ces espèces de sauts harmoniques.

La division de la corde par $\frac{1}{2}$ $\frac{1}{3}$ $\frac{1}{4}$ $\frac{1}{5}$ & $\frac{1}{6}$ &c. produit tous ces différents sons de la maniere suivante,

1, $\frac{1}{2}$, $\frac{1}{3}$, $\frac{1}{4}$, $\frac{1}{5}$, $\frac{1}{6}$

ut, *ut*, *sol*, *ut*, *mi*, *sol*, &c.

(*a*) Cette vérité a été aussi très-exactement démontrée par M. de Brosse dans l'article gamme du Dictionnaire Encyclopédique.

(11) Ce qui le prouve d'une maniere bien décisive, c'est que si l'on touche sur un clavecin & sur-tout sur une orgue, les six notes désignées ci-dessus, l'on entend tout ce que l'harmonie a de plus brillant & de plus achevé; & si l'on n'en touche successivement que cinq, quatre ou trois, on sent diminuer cette perfection.

(12) On remarque dans la division sénaire, que la binaire donne toujours le même son ut, ut, ut, sol, sol, sol, sol.
$$1 \quad 2 \quad 4 \quad 3 \quad 6 \quad 12 \quad 24$$
Cette observation a fait dire aux Musiciens, que les octaves n'étoient pas tant des consonances que des équisonances, & M. Rameau ayant observé que si l'on touche une corde, non seulement celles qui sont à l'unisson, mais encore celles qui sont à l'octave tremblent aussi-tôt; il en a conclu que les octaves étoient, pour ainsi dire, les mêmes, étoient identiques (*a*); qu'ainsi chaque son pouvoit être rendu par son octave, tant en haut qu'en bas, & que relativement au fond de l'harmonie, c'étoit la même chose de comparer un son avec un autre, ou avec l'octave de cet autre son; enfin que ut sol, ou sol ut étoient fonciérement le même intervalle, tantôt direct, tantôt renversé.

Cette conséquence a été fortifiée par l'expérience; on a senti que les renversements ne changeoient rien dans la nature des intervalles, mais les rendoient simplement moins brillants; & elle est devenue entre les mains de M. Rameau un principe fécond.

A l'aide des lumieres que répand ce principe, il a prouvé que la quarte n'étoit point une dissonance; il en a donné la raison, & il a fait voir que, si jusqu'à présent on l'avoit cru ainsi, c'étoit qu'on avoit regardé comme quarte tout intervalle de quatre notes, tandis qu'il n'y a de vraie quarte que celle qui est à l'aigu du ton & qui fait sous-entendre la quinte.

Le détail dans lequel je viens d'entrer, me conduit malgré moi à l'exposition du système entier de M. Rameau; mais si j'ose m'y engager, ce n'est que muni des excellents extraits de Mrs. les Auteurs du Journal de Trevoux; j'ai déja copié dans ces notes plusieurs des expressions de ces sçavants Jour-

---

(*a*) Il ne faut pas croire que Rameau ait prétendu que cette identité fût parfaite, absolue.

naliſtes, & je vais les faire parler ſi ſouvent eux-mêmes, qu'après l'aveu que j'en fais, on voudra bien me pardonner ſi je ne les cite pas auſſi ſouvent que je devrois le faire.

Les réflexions de M. Rameau ſur les propriétés du nombre ſénaire l'ayant éclairé ſur la nature de l'harmonie, il comprit que chaque intervalle repréſenté par les ſix ſons qui compoſent l'harmonie parfaite, n'eſt dans ſa perfection qu'autant qu'il eſt dans l'ordre où les intervalles ſont préſentés.

Que notre oreille, par ſon organiſation, deſirant toujours l'harmonie parfaite, toutes les fois que nous entendons un ſon, elle ſe compoſe elle-même toute l'harmonie ſénaire, ſelon que la modulation précédente l'y détermine.

Il en tira cette conſéquence, que les ſons fondamentaux ſont toujours ſous-entendus, que les accords ne conſiſtent point en un ſeul intervalle, & qu'il en faut au moins trois en ſous-entendant les répliques.

Il en conclut encore qu'il étoit plus facile de compoſer à cinq & à ſix parties qu'à deux; & que pour compoſer à deux, il falloit ſçavoir compoſer à quatre, & avoir cette compoſition préſente à l'eſprit; qu'enfin la compoſition à quatre & même à cinq étoit ſous-entendue dans la compoſition à deux.

Un examen de tous les accords connus, appréciés par le même principe, fit ſentir à M. Rameau qu'il ne pouvoit y avoir que deux accords, l'un conſonnant & l'autre diſſonant.

L'accord conſonnant eſt *ut mi ſol*, en ſous-entendant tout le reſte, & ſur-tout le ſon principe *ut*; accord ſuſceptible de deux renverſemens, *mi ſol ut* qui fait la ſixte, & *ſol ut mi* qui eſt la ſixte-quarte.

Cet accord eſt diviſé par tierces; cette diviſion naturelle fit imaginer à M. Rameau que tout accord devoit être diviſé par tierces. D'après cette idée, il procéda à l'examen des accords diſſonants, & ayant trouvé que l'accord de ſeptiéme *ſol ſi re fa* ſe diviſoit par tierces, il en conclut que cet accord étoit l'accord primitif & fondamental de toutes les diſſonances. Les trois renverſemens, *ſi re fa ſol* accord de fauſſe quinte, *re fa ſol ſi* petite ſixte, *fa ſol ſi re* triton, prouverent qu'il avoit raiſonné juſte.

La ſuite des ſons fondamentaux de ces accords, eſt ce que Rameau appelle la baſſe fondamentale. Cette baſſe eſt toute harmonique, procédant par intervalles harmoniques, & ſur-tout par quinte, tierce & quarte. Elle va par saut; tandis que les parties supérieures, suivant leur nature diatonique, sont déterminées à procéder uniment de proche en proche, & même à demeurer le plus souvent inébranlables & comme au même degré.

Les avantages que l'on retire de la découverte de cette basse, sont sans nombre. Le goût & le génie font imaginer le chant, & la basse donne l'harmonie; elle facilite la composition & l'accompagnement au point de mettre une personne intelligente en état, par une étude de quelques mois, d'accompagner & de composer; tandis qu'on n'y pouvoit parvenir que par plus de dix ans d'étude & de tatonnement.

Son principal usage est de suivre pas à pas & de rendre bien sensible la modulation & le ton précis dans lequel on est à chaque instant; car dans chaque ton il y a sur-tout deux notes essentielles qui le caractérisent & le rendent bien sensible. Par exemple, la tonique ou premiere *ut* & la quinte *sol* qu'on appelle dominante, la basse n'est que l'enchainement de ces toniques & de ces dominantes; de sorte que toutes les fois qu'on y voit *ut* & *sol*, on peut dire qu'on est dans le ton d'*ut*, sur-tout si *sol* précéde *ut*.

Un autre usage de la basse fondamentale, & qui est très-important, c'est de nous faire connoître la nature précise de la basse continue qui tient le milieu entre les parties supérieures dont elle emprunte la progression mélodieuse & diatonique, & la vraie basse fondamentale dont elle emprunte les cadences. C'est sur la connoissance des propriétés de cette basse, que M. Rameau établit ensuite les régles de la composition.

Tout consiste à composer des parties supérieures sur une basse donnée, ou une basse sous un chant, afin de tirer du chant tout le fond d'harmonie dont il est susceptible, & d'y ajouter tous les chants dont on veut l'accompagner.

Dans le premier cas, chaque ton étant fondamental & le principe de sa modulation, si l'on a six parties supérieures à composer, on prend les six modulations que présente le nombre sénaire; si l'on n'en a que quatre, on n'en prend que quatre; & l'on choisit dans chaque accord, pour une partie, la note la plus voisine de celle que cette partie vient de quitter, & autant qu'il se peut, la même.

Dans

Dans le second, il faut donner à la basse une progression harmonique qui réponde à la progression mélodieuse & diatonique de la partie supérieure. Ainsi toutes les fois que le chant procéde par intervalles consonnants, il faut donner à la basse fondamentale la même progression encore plus parfaite, s'il est possible. Enfin les notes de cette basse, en faisant harmonie entr'elles, doivent encore la faire chacune avec la note qui lui répond dans le chant sous lequel on la compose, avec cette différence qu'elles peuvent faire entr'elles la quarte, comme la quinte, la sixte comme la tierce, au lieu qu'avec les notes du chant, elles ne peuvent faire que des intervalles directs & primitifs; sçavoir, octave, quinte ou tierce, parce qu'elles sont la base & le principe de l'accord parfait que chacune d'elles porte.

Jusqu'ici il n'est question que d'accords consonnants & parfaits; mais quelqu'agréables qu'ils soient, ils déplairoient bientôt si les dissonances distribuées avec goût & avec art ne mettoient dans la musique cette variété toujours sûre de plaire; dissonances aussi nécessaires dans un morceau de musique, que les ombres dans un tableau.

Or la basse fondamentale facilite leur distribution.

On peut d'abord faire entrer les dissonances dans la progression harmonique de la basse fondamentale, y monter de seconde ou y descendre de septiéme; ensuite élever des accords dissonants sur cette basse, ce qu'il est plus aisé de faire que d'y placer des accords consonnants; puisque, pour former les dissonants, on peut choisir entre quatre sons différents, au-lieu que l'accord parfait nous borne aux trois sons qui le composent.

L'accompagnement étant une véritable composition, M. Rameau s'appuie des mêmes principes dans les régles qu'il donne pour le perfectionner, & dans la réforme qu'il fait du doigter. Je voudrois pouvoir sans indiscrétion faire connoître en détail l'art avec lequel il veut qu'on distribue les doigts pour enchaîner les accords; je voudrois pouvoir donner, d'après lui, les raisons qui lui font regarder l'exécution de la basse continue comme rarement importante & qui l'engagent à conseiller aux commençants de la négliger; les motifs qui l'ont déterminé à blâmer les chiffres dont on faisoit usage pour indiquer les accords & à leur en substituer d'autres; je voudrois pouvoir citer ici tout ce qu'il dit sur les

D

cadences & sur les syncopes: mais sans le suivre, pour ainsi dire, pas à pas dans le développement de son système, il me suffira d'avoir indiqué les objets sur lesquels son génie s'exerça; de faire observer que la découverte du véritable principe sonore donna de la force à son système & en devint la démonstration la plus complette.

Jusqu'au moment où M. Rameau eut interprêté le langage que la nature faisoit entendre dans la résonnance du corps sonore, il lui avoit fallu des calculs & les réflexions les plus profondes pour bâtir & étayer son système. Mais dès qu'il eut le mot de cette espèce d'énigme, tout ce qui paroissoit conjectural se dissipa. On ne vit dans sa basse fondamentale, dans ses accords, que les expressions de la nature même qui lui avoit révélé ses secrets.

Le corps sonore, outre le son principal, fait entendre son octave, sa douziéme & sa dix-septiéme en dessus; en même temps il fait frémir ses multiples à la douziéme & à la dix-septiéme en dessous.

L'observation de ce phénoméne fut pour Rameau un de ces traits de lumiere qui venant tout à coup à éclairer un voyageur qui marche pendant la nuit, augmente sa hardiesse en lui faisant connoître qu'il a pris la véritable route qu'il devoit suivre.

Rameau trouva d'abord, dans le produit de cette expérience, la preuve physique de l'identité des octaves, de l'harmonie naturelle, toujours desirée & sous-entendue par l'oreille, & des propriétés du nombre sénaire. Il trouva dans les douziéme & dix-septiéme qui résonnoient en dessus & frémissoient ou résonnoient en dessous, il trouva les harmoniques du son principal; il vit que ce son, avec ses harmoniques en dessus réduits aux moindres intervalles par la nature même & conséquemment à l'identité des octaves, formoit l'accord parfait. Cette observation fortifia ses idées sur la réduction des accords, & le conduisit à celles des modes. Tous ceux qui avoient été imaginés, lui parurent se confondre dans le majeur & le mineur, modes indiqués par la nature, dont le premier étoit formé par le son principal ou générateur & ses harmoniques en dessus, & le second par le même son & ses harmoniques en dessous.

Bientôt il sentit que chaque son pris séparément pouvoit être considéré comme l'effet d'un corps sonore isolé & toujours accompagné de ses harmoniques; & dès-lors il donna une nouvelle forme à la démonstration de son système.

Je ne le suivrai pas plus loin, & je croirai en avoir dit assez, si ceux qui ont eux-mêmes étudié Rameau, y retrouvent un précis des idées de ce grand Homme; si les autres peuvent saisir les principes d'après lesquels il a raisonné; si enfin ce foible extrait peut mettre les lecteurs, de quelque ordre qu'ils soient, en état d'apprécier le mérite théorique du célèbre Musicien dont je fais l'éloge, & les convaincre que c'est en historien & non pas en panégyriste que je l'ai écrit.

(13) Le Pere Mersenne, Wallis & Sauveur avoient reconnu, avant Rameau, qu'une corde pincée faisoit entendre le son principal & ses harmoniques en dessus; mais ils ne s'étoient pas apperçus de l'effet de cette même corde sur ses multiples: de plus, ignorants l'identité des octaves & le penchant qu'a la nature à préférer les plus petits intervalles, ils n'avoient pas senti que la dix-septiéme se rendoit par la tierce dont elle étoit la double octave, & la douziéme par la quinte.

(14) Depuis le traité de l'harmonie donné en 1721, le nouveau système de musique mis au jour en 1726, la dissertation sur les différentes méthodes d'accompagnement pour le clavecin, imprimée en 1731, & la lettre sur la musique, insérée dans le Mercure de Septembre 1731, à laquelle étoit jointe une carte de la basse fondamentale; M. Rameau n'avoit fait que donner différents écrits polémiques, répandus dans les Mercures & dans les Journaux de Trevoux: sçavoir, son examen de la conférence sur la musique dans le Mercure de Juin 1729; sa réponse à la réplique de l'Auteur de la conférence dans celui de Juin 1730; & dans les Mémoires de Trevoux, de Juillet 1736, sa réponse à la critique du Pere Castel, qui dans les mêmes Mémoires aux mois d'Août & de Septembre de l'année précédente, avoit voulu lui enlever la gloire d'avoir découvert la basse fondamentale. Il crut en rassemblant, pour ainsi dire, toutes ses forces dans son traité de la génération harmonique qui parut en 1737, imposer silence à la critique; mais il ne connoissoit pas assez les hommes; l'envie excitée par les succès qu'il avoit sur le théatre lyrique, n'en fut que plus animée contre ses ouvrages. Le jugement favorable que l'Académie des Sciences porta de celui-ci, auroit dû produire un effet bien différent.

Les Commissaires, à l'examen desquels cette nouvelle production de Rameau avoit été soumise, après en avoir fait une analyse raisonnée, terminoient leur rapport en disant :

« Nous croyons que la basse fondamentale, prouvée par l'Auteur & puisée dans la nature même, est le principe de l'harmonie & de la mélodie : que M. Rameau explique avec succès, par le moyen de ce principe, les faits dont nous avons parlé, & que personne avant lui n'avoit réduit en un système aussi lié & aussi étendu ; sçavoir,

» Les deux Tétra-cordes des Grecs ;

» La formation de l'Echelle diatonique ;

» La différence de valeur qu'un même son peut avoir ;

» L'altération qu'on remarque dans cette échelle & l'insensibilité totale de l'oreille à cette altération ;

» Les régles du mode majeur ;

» La difficulté d'entonner trois tons consécutifs ;

» La raison pour laquelle les deux tierces majeures ou les deux accords parfaits sont proscrits dans un ordre diatonique ;

» L'origine du mode mineur, sa subordination au majeur, & ses variétés ;

» L'usage de la dissonance ;

» La cause des effets que produisent les différents genres de musique diatonique, chromatique & enharmonique ;

» Le principe & les loix du tempérament ;

» Ainsi l'harmonie assujettie communément à des loix assez arbitraires, ou suggérées par une expérience aveugle, est devenue, par le travail de M. Rameau, une science géométrique, & à laquelle les principes mathématiques peuvent s'appliquer avec une utilité plus réelle & plus sensible. . . . C'est pourquoi M. Rameau après avoir acquis une grande réputation par ses ouvrages de musique pratique, mérite encore d'obtenir, par ses recherches & ses découvertes dans la théorie de son art, l'approbation & l'éloge des Philosophes. «

Les Commissaires étoient MM. Demairan, Nicole & d'Alembert.

(15) En 1750 M. Rameau donna une nouvelle démonstration du principe de l'harmonie ; ouvrage dans lequel il s'attache à rendre de plus en plus sensible l'effet du son générateur sur ses harmoniques, & l'usage de la découverte du principe sonore.

(16) Il mit au jour en 1752 des réflexions sur la maniere de former la voix & d'enseigner la musique.

M. Rameau suppose que nous avons toutes les dispositions & les talents nécessaires pour apprendre la musique & pour chanter ; que si ces dispositions & ces talents ne se montrent pas avec autant d'avantage dans tous les sujets, c'est qu'on occupe tout à coup l'esprit de trop d'objets, & qu'on exige trop tôt que les organes exécutent les mouvements auxquels ils doivent se prêter ; tandis qu'il faut les exercer peu à peu jusqu'à ce qu'ils aient acquis la souplesse & la flexibilité nécessaires : il résulte de cet empressement une trop grande préoccupation qui gêne le jeu de ces memes organes, & qui par les efforts qu'elle oblige à faire, leur enleve la faculté d'agir avec aisance.

C'est d'après ces idées que M. Rameau trace le plan qu'on doit suivre dans l'éducation musicale. Il veut qu'*on se hâte lentement*, & il recommande sur-tout *de prendre la peine de n'en point prendre*.

(17) Ses observations sur notre instinct pour la musique & sur son principe parurent en 1754.

Nous avons, au dedans de nous, une disposition naturelle à la musique, une espèce d'instinct ; on ne peut en disconvenir, quand on a suivi les raisonnements par lesquels M. Ramau a établi cette vérité. Les preuves qu'il donne de l'existence de cette faculté musicale sont de la plus grande force, & on voit que cette faculté est un don de la nature, ou plutôt de son Auteur, & a un rapport direct avec le principe général & fondamental de l'harmonie, sçavoir la résonnance du corps sonore.

Voici une des observations dont M. Rameau tire les plus grandes conséquences, & que tout le monde peut répéter.

Tout homme qui chante de fantaisie & qui n'est guidé par aucune théorie, ou pratique musicale, prend dans le milieu de sa voix le premier son qu'il entonne ; le second est la quinte préférablement à tout autre intervalle ; si avoit quelqu'expérience, il entonneroit aussi la tierce & formeroit l'accord parfait.

Quand on prélude sans un dessein marqué de faire un chant particulier, c'est toujours par *ut, mi, sol, ut* qu'on prélude. On peut vérifier cette assertion en obligeant l'homme le moins exercé à préluder. M. Rameau explique ce phénomène acoustique par l'empire des consonnances sur l'oreille qui n'est alors occupée que des degrés qui les forment.

» C'est à ce même empire des consonnances, que M. Ra-
» meau attribue le penchant qui nous porte à trouver de
» nous-mêmes la basse fondamentale d'un chant & la facilité
» de suivre le mode annoncé par le premier début d'harmonie.

« C'est encore à cet empire que nous devons, suivant M.
» Rameau, ces beaux préludes, ces caprices heureux aussi-
» tôt exécutés qu'imaginés, principalement sur l'orgue. En
» vain les doigts y seroient exercés sur tous les chants possi-
» bles & en état d'obéir dans le moment à l'imagination gui-
» dée par l'oreille, si le guide de celle-ci n'étoit pas des plus
» simples . . . . n'étoit pas l'harmonie d'un premier corps
» sonore, dont elle n'est pas plutôt frappée, qu'elle pressent
» tout ce qui peut suivre cette harmonie & y ramener. «

(18) Dans le code de musique donné en 1760 avec de nouvelles réflexions sur le principe sonore, M. Rameau a rassemblé & présenté dans un ordre très-lumineux tous les principes qu'il avoit établis, & toutes les régles qu'il en avoit déduites: réunissant par-tout l'exemple au précepte, il en a fait un livre classique d'une si grande utilité, qu'il pourroit suffire lui seul à un Musicien qui desire de se perfectionner.

(19) M. Betizy fit paroître en 1754 un ouvrage sur la musique, auquel il donna pour titre :

Exposition de la théorie & de la pratique de la musique suivant les principes de M. Rameau.

(20) M. d'Alembert donna en 1752 des élémens de musique théorique & pratique suivant les principes de M. Rameau.

Il est vrai que ce Philosophe crut pouvoir dans la suite, sans s'écarter des principes établis par M. Rameau, ne pas adopter toutes les conséquences que cet Auteur en déduisoit; il critiqua même quelques-unes des définitions & des régles de M. Rameau dans différens articles de l'Encyclopédie. Rameau repliqua; & M. d'Alembert donna en 1762 une nouvelle édition de ses élémens de musique, dans laquelle il fortifioit par de nouvelles raisons le parti qu'il avoit pris.

La génération du mode mineur est un des principaux objets sur lesquels ces deux sçavants étoient de sentimens opposés.

(21) On trouve l'expression de sa reconnoissance dans une lettre qu'il adressa à l'Auteur du Mercure en 1752, & qui est insérée dans le volume du mois de Mai de la même année.

« L'homme illustre à qui s'adresse ma reconnoissance, y
» disoit-il, a cherché dans mes ouvrages, non des défauts
» à reprendre, mais des vérités à analyser, à simplifier, à
» rendre plus familieres, plus lumineuses, & par conséquent
» plus utiles au grand nombre, par cet esprit de netteté d'ordre
» & de précision qui caractérise ses ouvrages ; il n'a pas dé-
» daigné de se mettre à la portée même des enfants, par la
» force de ce génie qui plie, maitrise & modifie à son gré
» toutes les matieres qu'il traite. «

(22) Sa lettre à M. d'Alembert sur ses opinions en musique, est placée à la suite du code de musique.

Ses critiques de l'Encyclopédie, sous le titre d'erreurs sur la musique, qu'il fit paroître en 1755 ; la suite des mêmes erreurs en 1756, ont été données séparément.

(23) M. Esteve, Académicien de Montpellier, dans un ouvrage qui avoit pour titre, *nouvelle découverte du principe de l'harmonie, avec un examen de ce que Rameau a publié sous le titre de démonstration de ce principe*, qui parut en 1751 ; prétendoit que les octaves étoient harmoniques & non pas identiques, & nioit l'existence des harmoniques en dessous.

M. Rameau dans sa réponse qui parut en 1752, sous le titre de *nouvelles réflexions sur la démonstration du principe de l'harmonie servant de base à l'art musical & pratique* ; en appelle à l'expérience, qui prouve l'existence des harmoniques en dessous par la résonnance des multiples, ou par leur simple frémissement, quand la corde pincée est trop grande pour que leurs vibrations puissent se rendre sensibles à l'oreille.

Pour prouver l'identité des octaves, M. Rameau cite l'observation journaliere par laquelle il est constant que nous sommes portés à réduire les intervalles aux moindres, & qu'en chantant avec quelqu'un nous prenons naturellement l'octave en haut ou en bas, s'il prend un ton que nous ne puissions suivre. Cette observation est bien favorable au sentiment de M. Rameau ; aussi la fait-il valoir dans sa réponse à M. Euller qui nioit encore l'identité des octaves.

(24) Le penchant qui nous porte à faire choix des moindres intervalles, la nécessité de conformer le chant aux mo-

difications de la glotte, & à l'étendue bornée de notre voix, la croyance où l'on est que les hommes & les femmes chantent à l'unisson, quoiqu'ils soient toujours à l'octave les uns des autres. Les succès qu'on a eu dans le chant en suivant la nature qui ne nous donne que le sentiment occulte des octaves avec la facilité de les mêler, de les confondre, de les faire servir à rapprocher les intervalles, sont les motifs qui parurent capables à M. Rameau de résoudre la question de façon à ne plus laisser de doute sur cet objet.

(25) Un anonime dans une espèce de dissertation sur le titre de conférence sur la musique, insérée dans le Mercure de France, volume de Juin, année 1729, commença par nier l'existence des harmoniques, blâma les préceptes de Rameau sur les accompagnements, l'usage fréquent des dissonances, qu'il reproche à ce grand Homme de ne pas préparer, & la liaison de sa méthode avec la connoissance du mode.

Il se montra plus à découvert dans sa replique à la réponse de Rameau qui avoit paru au mois d'Octobre 1729 dans le Mercure ; & l'on voit dans le même Journal en 1730, qu'il prétendoit que le principe sonore [dont il avoit d'abord combattu l'existence], étoit connu de tous les Musiciens qui ont travaillé avant Rameau ; qu'il ne s'ensuivoit donc pas que cet Artiste fût l'auteur de cette découverte, parce qu'il étoit le premier qui en eût parlé dans ses écrits.

Que la basse fondamentale, dont il faisoit parade, lui avoit été enseignée par un Musicien qu'il désigne sans le nommer.

Que le traité de l'harmonie n'est qu'une compilation, & comparable à de bonnes piéces de musique, comme un rudiment à une piéce d'éloquence.

Que le premier fondement de la science harmonique est la connoissance des proportions qui se trouvent entre les vibrations des corps sonores, celle des loix du mouvement & de la nature de l'air ; qu'ainsi Rameau étoit incapable de donner à ce sujet quelque chose de bon, puisqu'il n'avoit pas fait sa philosophie, & n'étoit pas physicien.

Qu'il étoit ridicule de fixer à deux le nombre des accords. Premiérement, parce qu'il étoit douteux que les renversements de ces accords pussent se pratiquer ; secondement, parce

parce qu'en renonçant à la multiplicité des accords, on renonçoit aux avantages infinis que donne la variété.

La plupart de ces objections ne décélent que la méchanceté de leur auteur, & leur foiblesse est si sensible, que je donnerai seulement ici la réponse de Rameau à celle qui concerne la basse fondamentale.

« Il est vrai, disoit-il en répondant à l'anonime dans le
» Mercure de Juin de la même année 1730, il est vrai que
» M. Delacroix de Montpellier m'a donné à l'âge de vingt
» ans une connoissance distincte de la régle de l'octave, mais
» il y a loin delà à la basse fondamentale. «

Cette régle de l'octave consiste à fixer l'accord qui convient à chaque note du ton, soit en montant, soit en descendant; mais elle ne fixe rien, lorsque le ton lui-même n'est pas fixé, & que la modulation est indécise : dès-lors on sent la solidité de la réponse de Rameau.

Ce fut avec autant d'avantage qu'il se maintint contre le Pere Castel dans la possession de la découverte de cette basse fondamentale.

Ce sçavant Journaliste qui avoit senti tout le prix de la découverte de Rameau, qui en avoit parlé en homme éclairé & convaincu, & qui non seulement par l'exactitude des analyses qu'il avoit faites des ouvrages de cet Auteur, en avoit fait connoître le mérite, mais encore qui, par la clarté des extraits qu'il en avoit donnés, avoit mis le système de Rameau à la portée de tout le monde : ce sçavant Journaliste, dis-je, changea tout à coup de langage en 1735, & dans les volumes des Mémoires de Trevoux pour les mois d'Août & de Septembre, il revint contre ce qu'il avoit dit sur l'importance & la nouveauté de la découverte de la basse fondamentale.

» Kircher, disoit alors ce célèbre Jésuite, nous apprend
» qu'une vraie basse, qu'il nomme base, ne devroit procé-
» der que par quarte, quinte & octave; ce que Kircher nous
» a dit, ce que Rameau nous a répété, sans l'avoir trop bien
» démontré ni l'un ni l'autre, je tâchai de l'établir dans ces
» Mémoires, lorsque j'y rendis compte, dans le temps, de
» la découverte de cette basse fondamentale, que je croyois
» plus neuve & d'un usage plus étendu. «

Rameau ne fut point effrayé par le mérite & par la science de ce nouvel adversaire, il prit la plume; adressa sa réponse au Pere Castel lui-même, & celui-ci l'inséra dans le volume des journaux de Trevoux pour le mois de Juillet.

Il étoit question de prouver que Kircher n'avoit connu que la basse proprement dite, & non pas la basse fondamentale ; & Rameau, dans sa lettre au Pere Castel, établit cette vérité par les expressions mêmes de l'Auteur, & par les notes suivant lesquelles il fait procéder sa basse. En effet, si Kircher eût connu la basse fondamentale, s'il eût voulu la désigner, eût-il admis, comme il le fait, dans la succession de cette basse, l'octave, qui n'étant qu'une replique, est de nulle valeur en succession ? eût-il oublié la tierce qu'il reconnoît lui-même dans un autre endroit pour une consonnance, & qui conséquemment doit être comprise au nombre des plus grands intervalles, qu'il fait consister dans des consonnances ? lui eût-il donné pour accords le parfait & ceux de sixte, de quarte, de seconde, de septiéme, de neuviéme, de fausse quinte & de triton ? sa basse enfin, ajoutoit Rameau, ne différe-t-elle pas totalement de la mienne ? dont toute l'harmonie consiste dans l'accord parfait, avec la septiéme ajoutée en dessus & en dessous, d'où naît la sixte majeure & tous les accords possibles en conséquence du renversement.

De toutes ces remarques, M. Rameau concluoit qu'il y avoit de l'injustice à faire honneur à Kircher d'une découverte qui lui appartenoit si incontestablement. On a lieu de croire par le silence du Pere Castel, qu'il se rendit là-dessus, & qu'il renonça à sa prétention en faveur de Kircher ; mais, malgré les succès qu'eut l'harmonie de Rameau sur le théatre lyrique, succès évidemment dus à l'heureux usage de la basse fondamentale, il persista dans ce qu'il avoit avancé sur le peu d'avantage qu'on pouvoit retirer de cette découverte.

Si après avoir montré à Rameau la meilleure volonté possible, après avoir été son panégyriste, le Pere Castel voulut renverser en quelque sorte les autels qu'il avoit élevées à ce grand Homme, étoit-ce par conviction ou par inconstance ? & ne cédoit-il pas plutôt à quelqu'impulsion étrangere ? Ce qui n'est pas sans exemple. Un Journaliste peut quelque fois se tromper lui-même, ou se laisser tromper, & servir ainsi la malignité & l'envie des rivaux d'un homme, auquel il auroit rendu justice s'il n'eût pas été séduit.

Si l'Abbé des Fontaines n'eût pas vu Rameau à travers les nuages dont la jalousie s'efforçoit de le couvrir, eût-il prétendu, en rendant compte du Traité de la génération harmonique, eût-il prétendu que par les expériences du Pere Mersenne & de Wallis, & par celles de M. Sauveur qui les avoit empruntées d'eux, on sçavoit que le son, produit par la résonnance du corps sonore, est toujours accompagné de sa tierce majeure & de sa quinte; tandis qu'il est certain que ces Auteurs n'ont parlé que de douziéme & de dix-septiéme, & que n'ayant pas connu l'identité des octaves, ils n'ont pas pu réduire ces douziéme & dix-septiéme à la quinte & à la tierce; tandis qu'il est démontré qu'aucun d'eux n'avoit soupçonné les harmoniques en dessous, & qu'ainsi ces sçavants ignoroient absolument le principe sonore découvert par Rameau ?

Si l'Abbé des Fontaines n'eût pas été mal intentionné & porté à donner à tout une tournure ironique, il se seroit bien gardé de dire : » Autant cela est magnifique & subli- » me, quant à la science; autant, ce me semble, cela est-il » vain & déplorable quant à l'art. Imaginez-vous un maitre » de danse qui, pour apprendre à former ses pas, donne un » traité d'anatomie dans l'intention de faire connoitre les » ressorts qui font mouvoir les jambes.

Quand cet aristarque osoit assurer que les principes d'où partoit Rameau, & les préceptes qu'il donnoit, » n'étoient » propres qu'à faire de la musique bizarre, sans expression » & sans goût «, il étoit indubitablement l'organe de la passion de quelqu'un des ennemis de notre illustre Compatriote, ou le jouet de la sienne propre.

Comment douter qu'on n'ait été souvent injuste à l'égard de Rameau ? lorsqu'on voit que même dans l'Encyclopédie, ouvrage fait pour être le dépôt de toutes les connoissances de notre siécle, on s'est permis de blâmer sa méthode de doigter, jusqu'au point de prétendre » qu'il en résulte une » harmonie brutte & dure, dont l'oreille est choquée (a).

(a) V. l'article doigter.

Enfin, pour prouver l'acharnement des ennemis de Rameau, faut-il tirer de l'oubli plusieurs libelles méprisables, tels que l'allégorie de Marsias par le Poëte Roi, dans laquelle ce célèbre Musicien étoit jugé digne du supplice qu'Appollon fit souffrir au téméraire Phrygien. Si Rameau dans ses réponses aux différentes critiques qu'il essuya, a mis un peu trop de chaleur ; si même il s'est permis quelquefois des expressions peu ménagées ; ses ennemis l'ont rendu eux-mêmes excusable.

(26) Cette lettre est insérée dans la quinziéme lettre de M. Freron, année 1762.

M. Rameau y avance « que toutes les sciences étant fondées sur les proportions, il ne faut qu'une minute d'attention sur la résonnance du corps sonore, pour tirer de la nature même ce qui a coûté tant de siécles à l'imagination. »

Toutes les proportions & toutes les régles que la géométrie a pu imaginer pour déterminer une proportion quelconque, lui paroissent annoncées par les rapports établis entre le son fondamental, ses harmoniques & l'état des corps sonores qui produisent ces sons : on trouve ce systême développé & étendu dans son ouvrage sur l'origine des sciences, suivi d'une controverse à ce sujet qui a paru en 1761.

(27) Il fut Organiste de Ste. Croix de la Bretonnerie, & plus d'une fois cette Eglise fut remplie des amateurs & des artistes attirés par le plaisir de l'entendre.

(28) Les piéces de clavecin de Rameau y ont été jouées pendant long-temps avec le plus grand applaudissement.

(29) Le premier livre de piéces de clavecin qu'il donna au public, fut imprimé en 1706 ; il en parut un second en 1721 ; un troisiéme en 1726, & il en mit au jour un quatriéme en 1741.

(30) Comme maître de clavecin, il eut pendant long-temps la plus grande vogue ; il ouvrit une école de composition en 1737. M. de la Borde, premier Valet de chambre du Roi, connu par plusieurs piéces qui ont eu du succès, a reçu de lui des leçons d'harmonie & de composition.

Un autre élève qui fait beaucoup d'honneur à Rameau, est Mde. de Saint-Maur, née Alcon ; elle saisit si bien le systême musical de son maître, qu'elle en donna un extrait très-bien fait dans le n°. CLXXIX du pour & contre de l'Abbé Prévôt, année 1737. Cette Dame est devenue excellente Musicienne; & si Rameau conserva toujours sur elle en fait de composition, la supériorité que son génie lui donnoit sur les plus célèbres Musiciens, il fut forcé de lui céder la gloire de l'exécution sur le clavecin, & la main de son écoliere surpassa bientôt la sienne en brillant & en délicatesse.

(31) En qualité d'Organiste, Rameau avoit passé un bail avec le Chapitre de la Cathédrale de Clermont en Auvergne; mais il ne tarda pas à se trouver à l'étroit dans cette Ville. Le sentiment de ses forces lui faisoit desirer de retourner à Paris. L'intention où il étoit de faire imprimer son Traité de l'harmonie réduite à ses principes, étoit le motif par lequel il croyoit pouvoir engager Messieurs du Chapitre de Clermont à résilier le bail qu'ils avoient fait avec lui. Mais si la noble ambition de paroître sur un théâtre plus vaste, excitoit Rameau à réclamer sa liberté, la supériorité de ses talents rendoit le Chapitre insensible à ses prieres : sa résistance força Rameau à recourir à un moyen extraordinaire, moyen blâmable, mais qui produisit tout l'effet qu'il en espéroit.

Le Samedi dans l'Octave de la Fête-Dieu, au salut du matin, étant monté à l'Orgue, Rameau mit simplement la main sur le clavier au premier & au second couplets; ensuite il se retira, & ferma les portes avec fracas : on crut que le souffleur manquoit, & cela ne fit aucune impression. Mais au salut du soir, il ne fut pas possible de prendre le change, & l'on vit qu'il avoit résolu de témoigner son mécontentement par celui qu'il alloit donner aux autres.

Il tira tous les jeux d'orgue les plus désagréables, & il y joignit toutes les dissonances possibles. En vain lui donna-t-on le signal ordinaire pour l'obliger à cesser de toucher; on se vit forcé de lui envoyer un enfant de chœur; dès qu'il parut, Rameau quitta le clavier & sortit de l'Eglise. Il avoit mis tant d'art dans le mélange des jeux & dans l'assemblage des dissonances les plus tranchantes, que les connoisseurs avouoient que Rameau seul étoit capable de jouer aussi désagréablement.

Le Chapitre lui fit faire des reproches; mais sa réponse fut qu'il ne joueroit jamais autrement, si l'on persistoit à lui refuser sa liberté. On sentit qu'on ne le détermineroit pas à abandonner le parti qu'il avoit pris. On se rendit ; le bail fut résolu ; & les jours suivants il témoigna sa satisfaction & sa reconnoissance en donnant sur l'orgue des piéces admirables. Il se surpassa le Jeudi de l'Octave après la rentrée de la procession ; c'étoit le jour où il jouoit pour la derniere fois. Il mit dans son jeu tant de douceur, de délicatesse & de force, de brillant & d'harmonie, qu'il fit passer dans l'ame des assistants tous les sentiments qu'il voulut leur inspirer, & qui rendirent plus vifs les regrets de la perte qu'on alloit faire.

(32) Ces cantates étoient, Médée, l'Absence & l'Impatience.

(33) *Lettre de M. Rameau à M. Houdart de la Motte, de l'Académie Françoise, pour lui demander des paroles d'opéra, en date du 25 Octobre 1727* (a).

» Quelques raisons que vous ayez, Monsieur, pour ne pas
» attendre de ma musique théatrale un succès aussi favorable
» que de celle d'un Auteur plus expérimenté en apparence, dans
» ce genre de musique, permettez-moi de les combattre &
» de justifier en même temps la prévention où je suis en ma
» faveur, sans prétendre tirer de ma science d'autres avan-
» tages que ceux que vous sentirez aussi-bien que moi de-
» voir être légitimes. Qui dit un sçavant Musicien, entend
» ordinairement par-là, un homme à qui rien n'échappe dans
» les différentes combinaisons des notes ; mais on le croit en
» même temps tellement absorbé dans ces combinaisons,
» qu'il y sacrifie tout, le bon sens, le sentiment, l'esprit &
» la raison. Or, ce n'est là qu'un Musicien de l'école ; école
» où il n'est question que de notes & de rien de plus ; de
» sorte qu'on a raison pour lors de lui préférer un Musicien
» qui se pique moins de science que de goût. Cependant
» celui-ci, dont le goût n'est formé que par des comparai-
» sons à la portée de ses sensations, ne peut tout au plus
» exceller que dans de certains genres, je veux dire dans

(a) J'ai tiré cette lettre du Mercure de France du mois de Mars 1765, pag. 36 ; & l'Auteur de cet Ouvrage périodique assure qu'elle a été exactement copiée sur l'original trouvé parmi les papiers de M. de la Motte.

,, les genres rélatifs à son tempérament. Est-il naturellement
,, tendre, il exprime bien la tendresse; son caractere est-il
,, vif, enjoué, badin, &c. sa musique y répond pour lors:
,, mais sortez-le de ces caracteres qui lui sont naturels, vous
,, ne le reconnoissez plus. D'ailleurs, comme il tire tout de
,, son imagination, sans aucun secours de l'art, par ses rap-
,, ports avec les expressions, il s'use à la fin : dans son pre-
,, mier feu il étoit tout brillant; mais ce feu se consume à
,, mesure qu'il veut se ralumer, & l'on ne trouve plus chez
,, lui que des redites ou des platitudes. Il seroit donc à sou-
,, haiter qu'il se trouvât pour le théatre un Musicien qui étu-
,, diât la nature avant que de la peindre, & qui par sa science
,, sçût faire le choix des couleurs & des nuances dont son
,, esprit & son goût lui auroient fait sentir le rapport avec
,, les expressions nécessaires. Je suis bien éloigné de croire
,, que je sois ce Musicien; mais du moins j'ai au dessus des
,, autres la connoissance des couleurs & des nuances dont
,, ils n'ont qu'un sentiment confus, & dont ils n'usent à pro-
,, pos que par hasard : ils ont du goût & de l'imagination,
,, mais le tout borné dans le réservoir de leurs sensations,
,, où les différents objets se réunissent en une petite portion
,, de couleurs, au delà desquelles ils n'apperçoivent plus rien.
,, La nature ne m'a pas tout-à-fait privé de ses dons, & je
,, ne me suis pas livré aux combinaisons des notes jusqu'au
,, point d'oublier leur liaison intime avec le beau naturel qui
,, suffit seul pour plaire; mais qu'on ne trouve pas facilement
,, dans une terre qui manque de semences, & qui a fait sur-
,, tout ses derniers efforts. Informez-vous de l'idée qu'on a
,, de deux cantates qu'on m'a prises depuis une douzaine
,, d'années, & dont les manuscrits sont tellement répandus
,, en France, que je n'ai pas cru devoir les faire graver, puis-
,, que je pourrois en être pour les frais, à moins que je n'y
,, en joignisse quelques autres, ce que je ne puis faire faute
,, de paroles. L'une a pour titre, *l'Enlevement d'Orithie*; il
,, y a du récitatif & des airs caractérisés : l'autre a pour ti-
,, tre, *Thetis*, où vous pourrez remarquer le degré de co-
,, lere que je donne à *Neptune* & à *Jupiter*, selon qu'il ap-
,, partient de donner plus de sens froid, ou plus de posses-
,, sion à l'un qu'à l'autre; & selon qu'il convient que les or-
,, dres de l'un & de l'autre soient exécutés. Il ne tient qu'à
,, vous de venir entendre comment j'ai caractérisé le chant

» & la danse des sauvages qui parurent sur le théatre italien,
» il y a un an ou deux; & comment j'ai rendu ces titres,
» *les Soupirs, les Tendres Plaintes, les Cyclopes, les Tour-*
» *billons* [c'est-à-dire les tourbillons de poussiere excités par
» de grands vents]; *l'entretien des muses, une musette, un*
» *tambourin*, (a) &c. Vous verrez pour lors que je ne suis
» pas novice dans l'art, & qu'il ne paroît pas sur-tout que
» je fasse grande dépense de ma science dans mes produc-
» tions, où je tâche de cacher l'art par l'art même ; car je
» n'y ai en vue que les gens de goût & nullement les sça-
» vants, puisqu'il y en a beaucoup de ceux-là, & qu'il n'y
» en a presque point de ceux-ci. Je pourrois encore vous
» faire entendre des motets à grand chœur, où vous recon-
» noîtriez si je sens ce que je veux exprimer. Enfin, en voilà
» assez pour vous faire faire des réflexions. Je suis, &c. Signé
» Rameau. «

(34) Cet opéra fut donné en 1730, M. ...eau avoit alors quarante-sept ans; & n'ayant pu obt... es paroles de M. de la Motte, le succès de Jephté le déte...mina à s'adresser à M. l'Abbé Pellegrin qui lui vendit Hypolite & Aricie.

(35) M. & Mde. Rameau passoient, pour ainsi dire, leur vie chez Mr. de la Poupliniere, soit à Paris, soit à sa belle maison de Passy. Il y eut sur la fin quelque réfroidissement causé, selon l'apparence, par un autre compositeur que ce Fermier Général avoit pris chez lui. Ce fut chez ce généreux Financier, où l'on répétoit le premier acte d'Hypolite, que l'Abbé Pellegrin se fit tant d'honneur en déchirant le billet que Rameau lui avoit fait.

(36) Mgr. le Prince de Conty demandant à Campra ce qu'il pensoit de l'opéra d'Hypolite, ce Musicien répondit, Monseigneur, il y a dans cet opéra assez de musique pour en faire dix.

On peut juger des dispositions des Confreres de M. Rameau à son égard, par la nécessité dans laquelle il fut quelquefois de prouver le succès de ses opéra, par le produit des représentations, parce qu'ils avoient la méchanceté d'en

---

(a) Piéces de clavecin de M. Rameau.

annoncer

annoncer la chute, de façon à en imposer à ceux qui habitoient les Provinces ou les Pays étrangers.

On trouve dans le Mercure de Juillet, année 1749, des plaintes de M. Rameau au sujet d'une assertion de l'Auteur du Journal des Sçavants, qui avoit avancé que Platée, poëme lyri-comique, n'avoit pas réussi ; ce qui étoit une fausseté, puisque tout le monde se rappelle que cet opéra eut le plus grand succès dans sa nouveauté : mais M. Rameau crut devoir prouver cette vérité par un bordereau de la recette de treize représentations, dont six, quoiqu'en Carême, avoient produit 32000 liv.

Je ne citerai pas plusieurs autres traits de la jalousie des rivaux de ce célèbre Musicien, ils doivent rester ensevelis dans un éternel oubli ; & je me contenterai de rappeler l'effet que le succès de l'opéra de Castor & Pollux fit, à ce que l'on dit, sur Mouret. La jalousie de ce Musicien, qui cependant avoit beaucoup de mérite, parvint à son comble & lui fit perdre la tête, au point qu'on fut obligé de l'enfermer à Charenton, où dans ses accès de folie, il chantoit continuellement le beau chœur des démons du quatrième acte : *qu'au feu du tonnere, le feu des enfers déclare la guerre.*

(37) M. de Monteclair, un des zèlés antagonistes de M. Rameau, dont il décrioit la personne & les ouvrages, ne put s'empêcher, à la sortie d'une représentation de cet opéra, d'aller à lui pour le complimenter d'après le plaisir qu'il venoit d'éprouver lui-même.

Mr. Freron dans son année littéraire, sur la fin d'une de ses lettres datée du 30 Octobre 1760, dit, après avoir annoncé le code de musique de Rameau : » Le public, en » dernier lieu, a rendu une justice éclatante à ses talents ; » c'étoit à une représentation de Dardanus. On l'apperçut » à l'amphithéatre ; on se retourna de son côté, & on battit » des mains pendant un quart d'heure : après l'opéra les ap- » plaudissemens le suivirent jusques sur l'escalier.

(38) Ses ouvrages lyriques sont :

Hypolite & Aricie, tragédie donnée en 1733, & reprise en 1742 & 1749.

Les Indes Galantes, ballet en 1735, repris en 1743, 1751, 1762 & 1764.

Castor & Pollux, tragédie en 1737, reprise en 1754, 1764 & 1765.

F

Dardanus, tragédie en 1739, reprise en 1742, 1759 & 1763.

Les Talents Lyriques, ballet en 1739, repris en 1747, 1756 & 1765.

Les Fêtes de Polymnie, ballet en 1745.

Le Temple de la Gloire, ballet en 1745.

Les Intermédes de la Princesse de Navarre, comédie en 1745.

Samson, tragédie non représentée.

Pigmalion, comédie en 1747. Le poëme étoit de M. de Lamotte. Rameau, dans la composition de la musique, se montra plus Poëte que Lamotte; & si celui-ci eût vécu dans le temps où sa piéce fut donnée, quels reproches ne se feroit-il pas fait d'avoir refusé de courir la carriere lyrique avec un tel Compositeur. Cet opéra a été repris plusieurs fois, & le public l'a toujours vu avec un nouveau plaisir.

L'ouverture de cet opéra a été mise sur le clavecin par M. Balbâtre. Ce fut en 1754 que ce célèbre Organiste la joua, pour la premiere fois, chez M. de la Poupeliniere, en présence de M. Rameau, qui croyoit la chose presqu'impossible. „ Il en fut si étonné & si satisfait, m'a écrit Mr. Balbâtre, „ qu'il m'en donna des preuves non équivoques. Je „ lui dis que je voulois conserver cette piéce pour moi, & „ n'en faire part à personne; au contraire, reprit M. Ra- „ meau, il faut la donner à tous les Organistes & à tous les „ Claveciniftes. . . . Quelque temps après Mde. la Com- „ tesse de la Marck m'écrivit que feu Monseigneur le Dau- „ phin desiroit l'entendre; & j'eus l'honneur de la jouer à „ Versailles devant ce Prince & toute la Cour. "

Depuis ce temps-là M. Balbâtre a exécuté plusieurs fois cette ouverture au concert spirituel, à la grande satisfaction du public; il a mis de même sur le clavecin plusieurs autres morceaux des opera de Rameau, qui tous ont été joués au concert spirituel avec applaudissement, & qui sont l'ouverture des Fêtes de Polymnie, celle des Talents lyriques, de Platée & de Zoroastre, ainsi que la pantomime de Pigmalion, outre plusieurs airs de ballets.

Les Fêtes de l'Hymen & de l'Amour, ballet en 1748, repris en 1754 & 1765.

Zais, ballet en 1748, repris en 1764.

Nais, ballet en 1749.

Plattée, ballet bouffon en 1749, repris en 1753.
Zoroastre, tragédie en 1749, reprise en 1756.
Acante & Céphise, pastorale, en 1751.
La Guirlande, ballet en un acte, en 1751.
Anacréon, ballet en un acte, en 1754.
La Fête de Pamilie, ballet en un acte, en 1754.
Les Surprises de l'Amour, ballet en 1757.
Les Sibarites, ballet en un acte, en 1759.
Les Paladins, comédie-ballet, en 1760.

Anacréon, les Sibarites & la Guirlande, ont été repris plusieurs fois, mais séparément, avec d'autres fragments de différents Auteurs.

On observe que tous les opéra de Rameau ont été mieux goûtés & plus suivis quand on les a remis au théatre, que dans leur nouveauté; la raison que m'en a donné un homme de goût, me paroît bien concluante; c'est que dans les premieres représentations, l'oreille avoit peine à détailler les beautés de la musique; mais que, dans les reprises, connoissant tous les détails de l'opéra, elle jouissoit de l'ensemble : d'ailleurs, les Musiciens étant plus exercés, l'exécution étoit plus parfaite.

(39) On en a un exemple récent dans le succès de la reprise des Fêtes de l'Hymen en 1765. Au dire des connoisseurs, on trouve une musique très-riche, forte & nerveuse dans certains morceaux de cet opéra, agréable & fleurie dans d'autres, par-tout admirablement travaillée, & portant l'empreinte du génie de son célèbre Auteur; mais le public étoit encore dans un enchantement de Castor & de Pollux, peu favorable à cet opéra-ci, & il n'a pas eu autant de succès qu'il en auroit eu sans cette circonstance : ici Rameau a été vaincu par lui-même.

(40) Il faut voir, dans l'éloge de M. Rameau par M. Chabanon, combien la qualité de Symphoniste ajoute au mérite de Rameau, & lui assure de supériorité sur tous ceux qui l'ont précédé. Tout ce que dit à ce sujet cet orateur, ainsi que sur la musique imitative, est d'une beauté & d'une force qui a fait sur moi la plus grande impression ; & en général la sublimité des pensées & la richesse des expressions de M. Chabanon, m'ont plus d'une fois fait tomber la plume des mains en écrivant cet Eloge, & plus d'une fois je me suis accusé de témérité en la reprenant.

(41) L'Auteur du Mercure de France dans le volume du mois de Mai 1751, pag. 164, dit :

» Nous croyons devoir rendre compte d'un événement
» très-glorieux pour notre théatre lyrique, & très-flatteur
» pour Mrs. Cahuzac & Rameau.

» On a traduit en vers italiens l'opéra de Zoroaſtre, &
» il a été repréſenté pendant le carnaval dernier avec grande
» magnificence & beaucoup de ſuccès ſur le théatre royal de
» Dreſde.

» Outre le beau chœur, *trembles, trembles, fuis nos pas*,
» du premier acte, ſur lequel on a mis une traduction ita-
» lienne très-bien adaptée au chant & au deſſein, on a con-
» ſervé encore tous les grands tableaux de muſique de l'opera
» françois ; comme la marche ſublime pour l'adoration du
» ſoleil levant du ſecond acte, & on a débuté par l'ouver-
» ture, dont on a donné une explication traduite du fran-
» çois.

» Ainſi grace aux talents de Mrs. de Cahuzac & Rameau,
» la France partage avec deux de ſes Auteurs modernes, un
» honneur dont nos Poëtes lyriques & nos Muſiciens n'avoient
» pas encore joui. «

On ſçait que depuis long-temps en Italie on a mis ſur le théatre, dans les opéra, les ſymphonies danſantes de Rameau ; c'eſt une vérité atteſtée par M. Chabanon & par l'Auteur du Mercure de France.

(42) La repréſentation de l'opéra de Zoroaſtre, pièce très-digne de Rameau, ſur-tout par la magnificence des chœurs, n'attira pas autant de ſpectateurs, à beaucoup près, que celles de la Serva Padrona, de la Zingara, &c. que des bouffons italiens donnerent quelque temps après ſur le même théatre. On ſe paſſionna pour ce genre de ſpectacle nouveau en France, mais bien inférieur à celui de nos opéra, quoi-qu'il ſoit cependant très-agréable.

(43) Le Mercure de Juin 1765 donne une idée de l'impreſſion que cet opéra fit à la repriſe de cette année.

» Nos lecteurs de Province doivent voir avec étonnement
» cet article ne contenir, depuis pluſieurs mois, que la con-
» tinuation de Caſtor & Pollux ; ils ſeront plus étonnés en-
» core, quand ils apprendront que dans une ſaiſon où l'on
» eſt avide de promenades, & lorſque le temps les favoriſe
» le plus, elles ſont tellement ſacrifiées au plaiſir que fait cet

» opéra, que les recettes ont été jusqu'à présent aussi fortes
» que dans les plus grands succès de l'Hiver.

» Par une singularité unique pour l'opéra de Castor, les
„ dernieres représentations ont été suivies avec autant d'em-
„ pressement que les premieres. La recette du Vendredi 24
„ Mai, trentiéme représentation de la reprise, excédoit 4500
„ livres ; il est vrai que les soins & l'attention des Direc-
„ teurs, pour la perfection de ce spectacle, loin de s'être
„ reposés sur le succès, ont journellement ajouté quelques
„ nouveaux ornements à ce magnifique tableau. En dernier
„ lieu s'étant apperçus que l'enlevement de Castor des Champs
„ Elisées sur la terre, étoit susceptible de plus d'illusion, on
„ avoit fait une machine dont l'effet pittoresque étoit si bien
„ entendu, qu'elle rendoit admirablement bien cette action.
„ Il semble qu'on se lassera plutôt de représenter cet opéra,
„ que le public d'y accourir en foule & de l'applaudir : par
„ le concours des François & des étrangers à ce spectacle,
» par les suffrages & l'admiration de ces derniers, le procès
» entre la musique françoise & la musique italienne paroît dé-
» finitivement jugé. »

(44) Malherbe étoit brusque dans sa conversation & dans ses manieres.

Milton avoit une humeur bizarre & impérieuse.

Michel Ange étoit si sombre & si peu sociable, qu'il se promenoit toujours seul & cherchoit les promenades les plus solitaires.

Lulli étoit brusque & peu poli.

Le grand Corneille étoit naturellement mélancolique, il avoit l'humeur brusque & quelquefois rude en apparence ; il avoit l'ame fiere & indépendante, nulle souplesse, nul manége.

En substituant au nom de Corneille celui de Rameau, on aura le véritable portrait de ce célèbre Musicien ; l'un & l'autre auroient cru s'avilir en sollicitant des graces ; & quoiqu'on accusât Rameau d'aimer l'argent, cette passion ne put jamais l'engager à plier pour quelque motif que ce fût.

Cette uniformité de caracteres dans les grands Hommes est-elle une suite nécessaire de la disposition de leurs organes ? est-elle l'effet de leur sensibilité ? Ce problême n'est peut-être pas indigne de fixer l'attention de nos Moralistes.

(45) On peut voir dans son Ouvrage intitulé, *Observa-*

tions sur notre instinct pour la musique, & sur son principe, avec quelle chaleur, avec quelle force il venge, en quelque sorte, Lulli des sarcasmes de M. Jean-Jacques Rousseau, en démontrant la foiblesse de la critique du monologue d'Armide : *Enfin il est en ma puissance*, que ce célèbre Ecrivain s'étoit permis de faire. Le Journaliste de Trevoux disoit à cette occasion dans le volume du mois d'Août 1754, p. 2008.

" M. Rameau se fait bien de l'honneur en vengeant Lulli ;
„ c'est Ciceron qui n'auroit pas souffert qu'on eût déprimé
„ Hortensius. "

(46) M. Rameau fut reçu à l'Académie de Dijon le 22 Mai 1761 ; il se montra très-sensible à cette distinction, & il ne fit aucun ouvrage sans l'offrir à l'Académie.

Sa sensibilité s'étoit déjà manifestée, lorsqu'il avoit été admis en Juillet 1752 dans une société littéraire qui s'étoit établie cette année-là, dans la même Ville, chez M. le Président de Ruffey, mais qui ne subsiste plus.

(47) On voit par sa lettre à Mr. Mongeot, inférée dans le Mercure de France du mois de Juin 1765, d'où j'ai tiré l'anecdote de M. de Monteclair placée dans la note 37 ; on voit, dis-je, combien il aimoit à rendre service. Mrs. Dauvergne, Marchand & Balbâtre déposent encore hautement en faveur de son empressement à seconder les talents.

Dans la réponse à une lettre que j'avois écrite à Mr. Balbâtre, ce célèbre Organiste me marquoit qu'il étoit redevable à M. Rameau de ce qu'il sçavoit ; aveu d'autant moins suspect, que M. Balbâtre arriva à Paris avec des dispositions qui, dans une personne un peu prévenue, auroient pu passer pour des talents perfectionnés. Je suis son compatriote & son contemporain, je l'ai connu dès l'enfance ; je me rappelle qu'à l'âge de six à sept ans, il touchoit déjà fort bien du clavecin, & lorsque Mr. Caze, Fermier Général, l'emmena à Paris en 1748, il jouissoit à Dijon d'une grande réputation, méritée par de très-jolies piéces & par une main très-brillante.

M. de Feligonde, Secretaire Perpétuel de l'Académie de Clermont, auquel je m'étois adressé pour avoir quelques éclaircissements au sujet du séjour de Rameau dans cette ville, après m'avoir parlé de la réputation qu'il s'y étoit faite & de la scene singuliere qu'il donna le Samedi dans l'octave de la Fête-Dieu, ajoutoit.

« Il n'a cessé de rendre service aux Musiciens qui ont ré-
„ clamé sa protection, & il a servi avec empressement le
„ Chapitre de notre Cathédrale pour le choix des sujets
„ dont il avoit besoin. "

(48) Tout le monde sçait qu'il loua hautement au sortir
du concert spirituel du 10 Juin 1764, jour de la Pentecôte,
un motet, *Exaudi Deus*, de M. Giroust, Maître de musique de l'Eglise d'Orléans.

Les nouveaux opéra comiques, connus sous le nom d'opéra
bouffons, reçurent aussi ses applaudissements; il trouva celui
des troqueurs admirable; & présageant jusqu'à quel point
de perfection on pourroit porter ce genre dans la suite, il
réfléchissoit avec attendrissement au progrès que le goût pour
cet opéra feroit faire à la bonne musique.

(49) De jour en jour j'acquiers du goût, disoit-il à M.
Chabanon; mais je n'ai plus de génie : il a fait très-souvent
ce même aveu sur la fin de sa vie. M. le P. de Brosse (*a*)
pressoit un jour de mettre en musique un des opéra de Quinault; il lui représentoit qu'il est comme impossible qu'un
opéra ait une réussite constante, si le poëme n'est intéressant, bien fait & bien écrit; vérité qui n'étoit pas encore
assez sentie au temps de Lulli, où l'on donnoit tout au Musicien, & trop peu à son admirable associé. Il lui alléguoit
l'exemple de l'Italie où les bons poëmes étant aussi rares qu'en
France, les paroles de Métastase & de Zeno deviennent un
bien commun à tous les compositeurs, & sont mises tour à
tour en musique par Jumelly, par Galuppi, par Scarlati,
&c. après l'avoir déjà été par Vinci, par le Pergolese, par
Leo, par le Saxon, &c. Il lui proposoit l'opéra d'Alceste,
dont la coupe est excellente & très-variée, ainsi que celle
de presque tous les opéra de Quinault, en retranchant néanmoins quelques confidents & quelques petites scenes comiques, restes d'un mauvais goût du temps, que Quinault lui-
même épura bientôt tout-à-fait. Mais Rameau résista constamment à ces instances, & répondit à M. le P. de Brosse,
que l'imagination étoit usée dans une vieille tête, & qu'on

(*a*) De l'Académie Royale des Inscriptions & Belles-
Lettres, & un de nos Académiciens Honoraires résidents.

n'étoit pas sage quand on vouloit travailler à cet âge aux arts qui sont entièrement d'invention.

(50) On a eu plus d'une preuve de son extrême sensibilité aux beautés de la musique. Mr. Balbâtre raconte que pendant le cours de la convalescence d'une maladie fort vive que Rameau eut quelques années avant sa mort, on exécuta de la musique dans sa chambre, Mlle. sa fille y dansa, & on le vit plusieurs fois ému jusqu'aux larmes.

(51) Voici ce que Mrs. Balbâtre & Venevaut m'ont appris sur la maniere dont il composoit ses opéra.

Lorsque le Poëte lui avoit donné son poëme, il le lisoit plusieurs fois, le raisonnoit, le déclamoit, & obligeoit très-souvent l'Auteur à y faire des changements qui exerçoient beaucoup sa patience.

C'étoit un violon à la main qu'il composoit sa musique; quelquefois cependant il se mettoit à son clavecin; mais lorsqu'il étoit à l'ouvrage, il ne souffriroit pas qu'on l'interrompît : malheur à l'indiscret qui perçoit alors jusqu'à lui.

Il n'avoit pas autant de facilité à composer de la musique vocale que la musique instrumentale à laquelle il s'étoit livré de bonne heure. Une particularité, dont je n'ai été instruit que pendant l'impression de ces dernieres feuilles, & qui mérite bien qu'on en fasse mention, est que Rameau n'a jamais eu de Maître de composition, & l'a apprise de lui-même.

Il étoit réellement dans l'enthousiasme en composant : il se livroit à une gaieté déclamatoire, lorsque son génie le servoit à son gré ; & à une espèce de fureur chagrine, s'il se refusoit à ses efforts.

Quoiqu'il ait réuni dans un point bien rare toutes qualités qui font le bon Musicien, il chantoit mal ce qu'il sentoit, mais il faisoit sentir ce qu'il avoit imaginé, & jugeoit avec autant de sévérité que de goût & de justesse, l'exécution des morceaux qu'il faisoit répéter.

Quand on réfléchira sur la foiblesse des Musiciens qui remplissoient l'orchestre de l'opéra, lorsque M. Rameau commença d'occuper la scene lyrique, on se fera une juste idée de la patience qui lui fut nécessaire dans les répétitions ; il s'est vu même obligé de supprimer des morceaux où regnoit l'enharmonique par l'impossibilité de les faire exécuter avec justesse. Aux répétitions de ses opéra il s'asseioit dans le parterre

terre où il vouloit être seul ; si quelqu'un venoit l'y troubler & s'approchoit de lui, il le repoussoit avec la main, sans lui parler & même sans le regarder. Dans ces moments-là il étoit forcé de parler beaucoup ; ce qu'il faisoit avec tant de feu, que sa bouche se desséchoit si prodigieusement, qu'il étoit obligé de manger quelque fruit pour se mettre en état de continuer : la même chose lui arrivoit quelquefois dans la conversation, & alors on le voyoit dans l'instant où il étoit le plus animé, se taire, ouvrir la bouche & faire comprendre par ses gestes qu'il ne pouvoit plus parler.

Il se plaçoit presque toujours dans une petite loge, lors des représentations de ses opéra ; mais il s'y cachoit de son mieux, & même s'y tenoit couché. Si le public l'appercevoit & l'applaudissoit, il recevoit les applaudissements avec une modestie qui l'en rendoit encore plus digne : on voit dans son Eloge par M. Chabanon, combien peu il les recherchoit, & même avec quelle attention il les fuyoit.

(52) M. Rameau fut choisi pour faire la musique des intermédes de la Princesse de Navarre, comédie de M. de Voltaire, & celle du Temple de la Gloire, opéra du même Auteur. Ces morceaux de musique furent très-applaudis. Outre les gratifications que le Roi fit distribuer à tous ceux qui avoient été employés dans les fêtes que l'on donna pour le mariage de Mgr. le Dauphin, Sa Majesté, pour preuve de sa satisfaction, créa pour lui le titre de Compositeur de la musique de son cabinet, & lui fit 2000 liv. de pension.

(53) Ces actes sont connus sous le nom des Surprises de l'Amour, & sont Linus & Uranie, Venus & Adonis, & un prologue dont Vulcain & le Temps sont les principaux personnages: ils furent joués à la Cour en 1748 & 1749 : on les a donnés au public sous le titre de *Théatre des petits Appartements.*

(54) Mrs. Rebel & Francoeur ayant obtenu le privilége de l'Opéra, se firent autoriser en 1747 par le Ministere, à l'insçu de M. Rameau, pour lui assigner une pension de 1500 liv. qui lui a été payée jusqu'à sa mort, indépendamment des honoraires réglés pour la musique des ouvrages nouveaux.

(55) Le Roi lui avoit accordé des Lettres de Noblesse qui ont été enrégistrées à la Chambre des Vacations du Parlement de Paris en 1764 ; & il étoit désigné pour être décoré de l'Ordre de Saint Michel, lorsqu'il mourut le 12 Sep-

tembre de la même année; il fut inhumé le lendemain à St. Eustache, où est le tombeau du célèbre Lulli.

M. Rameau a été marié avec Dame Marie-Louise Mangot qui lui survit. Mde. Rameau est une femme honnête, douce & aimable, qui a rendu son mari fort heureux; elle a beaucoup de talents pour la musique, une fort jolie voix & un bon goût de chant. Sa sœur Religieuse Dominicaine à Poissy, est une des plus belles voix qu'il y ait en France. Il a laissé trois enfants; Mr. Claude-François Rameau, Ecuyer, Valet de Chambre du Roi, fort estimé de tous ceux qui le connoissent; Dame Marie-Louise Rameau, Religieuse au Couvent de la Visitation de Sainte Marie à Montargis; & Dame Marie-Alexandrine Rameau mariée depuis la mort de M. son pere, à Mr. François-Marie de Gauthier, Ecuyer, Mousquetaire du Roi de la premiere Compagnie.

(56) On lui fit un premier service le 27 Septembre dans l'Eglise de Mrs. les Prêtres de l'Oratoire, aux frais des Directeurs de l'Académie royale de musique. « Plusieurs beaux » morceaux tirés des opéra de Castor & de Dardanus, fu- » rent adaptés aux prieres qu'il est d'usage de chanter dans » ces cérémonies (a). «

(57) On en fit un second dans l'Eglise des Carmes Déchaussés près le Luxembourg; la musique étoit de la composition de Mr. Philidor. Ces deux services attirerent un concours de monde prodigieux.

(58) Orléans, où Mr. Giroust est Maître de musique, & Marseille, se signalerent particuliérement en cette occasion. Dans la premiere de ces Villes on exécuta la messe de Gilles, une prose de la composition du Maître de musique, & un *de profundis* adapté à plusieurs morceaux de l'opéra de Castor & Pollux.

(59) *Epigrame par M. Bille de Sauvigni.*

En jacet Aonius, frigido sub marmore Ramæus,
 Proh dolor! & Phœbi, muta jacet cithara;
Qui blando nostras sonitu captaverat aures,
 Hic meritò famæ retulit ipse sonum.

Mercure de France 1764, mois d'Octobre, 2 vol.

─────────────

(a) Voyez le calendrier des deuils de la Cour.

Autre Epitaphe P. M. C.

Ci gît le célèbre Rameau,
Il fut par son vaste génie
De la musique le flambeau,
Et l'objet des traits de l'envie.
Muses, pleurez sur ce tombeau
Le Créateur de l'harmonie.

Mercure de France, Janvier 1765.

(60) Mr. Picardet l'aîné, Conseiller à la Table de Marbre, parloit ainsi dans les stances dont je fais mention :

Du sommet de l'Olympe, Appollon vint l'instruire ;
    De l'harmonie il a fixé les loix ;
    De fils nouveaux remonté notre lyre ;
    A d'autres tons fléchi nos voix.

Lorsqu'échappée à d'indignes outrages
    De Progné la plaintive sœur,
    Par le récit de son malheur,
Pour la premiere fois attendrit les bocages :
Jamais d'aussi beaux sons n'avoient frappé les airs ;
Le Zéphyre craignit d'agiter les feuillages ;
Faune oublia ses jeux, les Nymphes leurs concerts ;
Tout se tut, étonné de ces nouveaux ramages.

Telle on dit qu'attentive à des sons plus touchants,
L'Yonie écouta la voix de Thimothée ;
    Telle aussi la seine enchantée,
De Rameau son Emule ouit les premiers chants.

Mr. Picardet après avoir chanté les merveilleux effets que produit l'harmonie, caractérise ainsi Rameau.

Sublime, gai, naïf, varié, toujours beau,
Qu'il sçait bien de nos sens amuser les caprices ;
De notre ame à son gré mouvoir tous les ressorts.
Chœurs divins ! vous fixez mon oreille charmée ;
O prestige ! ô délire ! à quels hardis efforts
    Elevez-vous une verve enflammée
    Par la beauté de vos accords !

Le Poëte termine ces stances par différents tableaux, où il rend ce que Rameau peignoit à nos oreilles ; & je détacherai encore la stance dans laquelle il célébre le talent de Rameau pour les peintures naïves & légeres.

    Mais aux chansons de ces tendres musettes,
    Qui du Printemps célébrent le retour,
    Je crois goûter le charme d'un beau jour ;
        Les mesanges & les fauvettes
        Ainsi parlent de leur amour.

    Cette eau qui sur ses bords voit danser les bergeres,
    Semble d'un flot badin carresser les fougeres ;
    Du volage zéphyr ce chant peint les erreurs ;
        Ce papillon parmi les fleurs
        Proméne ses ardeurs légéres.

M. François, auquel l'Académie a donné une place d'Associé, quoiqu'il n'ait que quatorze ans, a aussi célébré Rameau dans son discours de remerciement. Il venoit de parler de Crebillon, & continue ainsi.

    Près de lui j'apperçois le fils de Polymnie ;
    Sur sa lyre, ses doigts, source de l'harmonie,
        Se proménent rapidement.
    Soit que faisant gronder la foudre & les orages,
    De la mer soulevée il chante les ravages
        Et le sombre mugissement ;
    Soit que ses sons légers, enfants badins des Graces,
    De l'amour & des jeux qui volent sur ses traces,
    Nous fassent partager le doux enchantement.
    Ce hardi Prometnée, au séjour des nuages,
    A dérobé le feu qui regne en ses accords ;
    Il peint tout à nos sens par la foule d'images
    Qu'enfantent à la fois ses lyriques transports.

(61) Mr. le Marquis du Terrail, Maréchal des Camps & Armées du Roi, & son Lieutenant Général dans le Verdunois, proposoit, pour orner la place de Louis XV à Paris, de construire des galleries patriotiques, dans lesquelles on auroit placé les statues de tous les grands Hommes qui ont illustré la France ; des bustes & des médaillons auroient été le partage des hommes d'un mérite du second ordre.

Ce projet étoit digne d'un véritable patriote & d'un philosophe. Le même esprit de patriotisme qui avoit fait naître cette idée à M. du Terrail, vient de l'engager à fonder dans cette Académie le prix que jusqu'à présent les pensionnaires donnoient d'eux-mêmes, sur les fonds destinés à leurs pensions.

(62) Mes vœux sont accomplis; avec quelle joie ne dois-je pas saisir cette occasion de l'annoncer!

Dijon n'enviera plus à Rome, ni à Athenes, l'honneur de couronner les talents. M. Legoux (*a*) par un nouvel effet de son caractere noble & bienfaisant, qui a déjà enrichi l'Académie d'un Cabinet d'histoire naturelle, fait travailler aux bustes de plusieurs de nos illustres Compatriotes, des Jeannin, des Febvret, des Saumaise, des Bossuet, des Vauban, des Bouhier, des Lamonoie, des Crebillon & des Rameau. Il se propose d'y joindre ceux de quelques-uns des plus célébres Académiciens vivants, de Mrs. de Buffon, Piron & Voltaire; & tous ces bustes entoureront celui du Prince auguste qui gouverne la Bourgogne & protége notre Académie.

Je peux ajouter ici une preuve éclatante de l'intérêt que cette Ville prend à la gloire des Hommes illustres qui sont nés dans son sein.

En réparant la salle des spectacles, on s'est vu obligé de construire un nouveau *proscenium*. Celui qui vient d'être élevé par ordre du Corps municipal, & sur les desseins de Mr. Lejoliver, Architecte & Voyer, est formé par quatre colomnes d'ordre ionique; deux de chaque côté, espacées suivant les proportions du systile.

Ces colomnes ornées de guirlandes, supportent un plafond décoré de l'écu de S. A. S. Mgr. le Prince de Condé, accolé de deux renommées, dont l'une développe un rouleau sur lequel on lit ce vers de Virgile.

Nulla dies unquam memori vos eximet ævo.

L'autre embouche une trompette, dont la banderole est ornée du mot *Friedberg*.

On a placé dans l'entrecolonnement les statues de Crebillon

(*a*) Ancien Grand Bailli de la Noblesse du Dijonnois, Académicien Honoraire.

& de Rameau ; statues très-ressemblantes à ces grands Hommes, dont les talents sont caractérisés par les attributs que l'on donne à Melpomene & à Polymnie.

Au milieu du stylobat, qui porte l'empâtement des bases des colomnes, & immédiatement au dessous des statues, est un médaillon ovale qui excéde la hauteur des bases attiques de l'ordre choisi, afin de donner plus d'élégance & plus d'élévation aux statues. Ce médaillon est couronné d'une guirlande qui se termine sur le profil du stylobat décoré d'une tête de lion, sur laquelle est posée cette guirlande. La table rase de chaque médaillon, est remplie par le nom de ces Hommes célèbres & la date de leur naissance.

FIN.

ERRATA.

PAGE 12, ligne 2, *assuré*, lisez, *sûr*.
Pag. 13, lign. 7, *retranchez*, que.
Pag. 67, lign. 15, *donné*, lisez, *donnée*.
Pag. 72, lign. 1re. *à cet âge*, lisez, *à son âge*.
Idem, lign. 30, *toutes qualités*, lisez, *toutes les qualités*.

www.ingramcontent.com/pod-product-compliance
Lightning Source LLC
LaVergne TN
LVHW020946090426
835512LV00009B/1733